Dieter Buck
Sagenziele im Ländle

Dieter Buck

Sagenziele im Ländle

- Wandern
- Entdecken
- Erleben

Silberburg-Verlag

Umschlagfoto: Die Steinernen Jungfrauen im Eselsburger Tal
Foto Seite 1: »Der lachende Zyklop« – Baumgestalt bei Herrenberg
Foto Seite 2/3: Blick zur Burg Lichtenberg

Dieter Buck
1953 geboren, verfasst der Stuttgarter seit vielen Jahren Wandervorschläge, Tipps für Radtouren und Reisebeschreibungen für verschiedene Zeitungen und Magazine im In- und Ausland. Außerdem veröffentlichte er zahlreiche Bücher: Wander-, Radwander- und Reiseführer. Er ist Herausgeber des »Schwaben-Kalenders« und Redaktionsleiter von »Schwaben Alpin«. Dieter Bucks Themengebiete sind Süddeutschland, insbesondere Baden-Württemberg und das Allgäu, sowie der deutsche und österreichische Alpenraum.

1. Auflage 2008

Umschlaggestaltung: Frank Butzer, Tübingen,
unter Verwendung einer Fotografie von Dieter Buck, Stuttgart.
Kartengrundlage: Topographische Karte 1 : 100 000 Baden-Württemberg
© Landesvermessungsamt Baden-Württemberg (www.lv-bw.de),
vom 05.05.2008, Az.: 2851.2-D/6439, bearbeitet durch den Verlag.
Bilder Seite 20, 27, 35, 60, 69, 76, 149, 152: Archiv Silberburg-Verlag.
Alle anderen Bilder: Dieter Buck, Stuttgart.
Druck: Grammlich, Pliezhausen.
Printed in Germany.

Gedruckt auf zertifiziertem Papier:
Förderung nachhaltiger Waldbewirtschaftung –
nähere Informationen unter: www.pefc.org

PEFC
PEFC/04-31-0878

ISBN 978-3-87407-792-7

Inhalt

Sagenziele

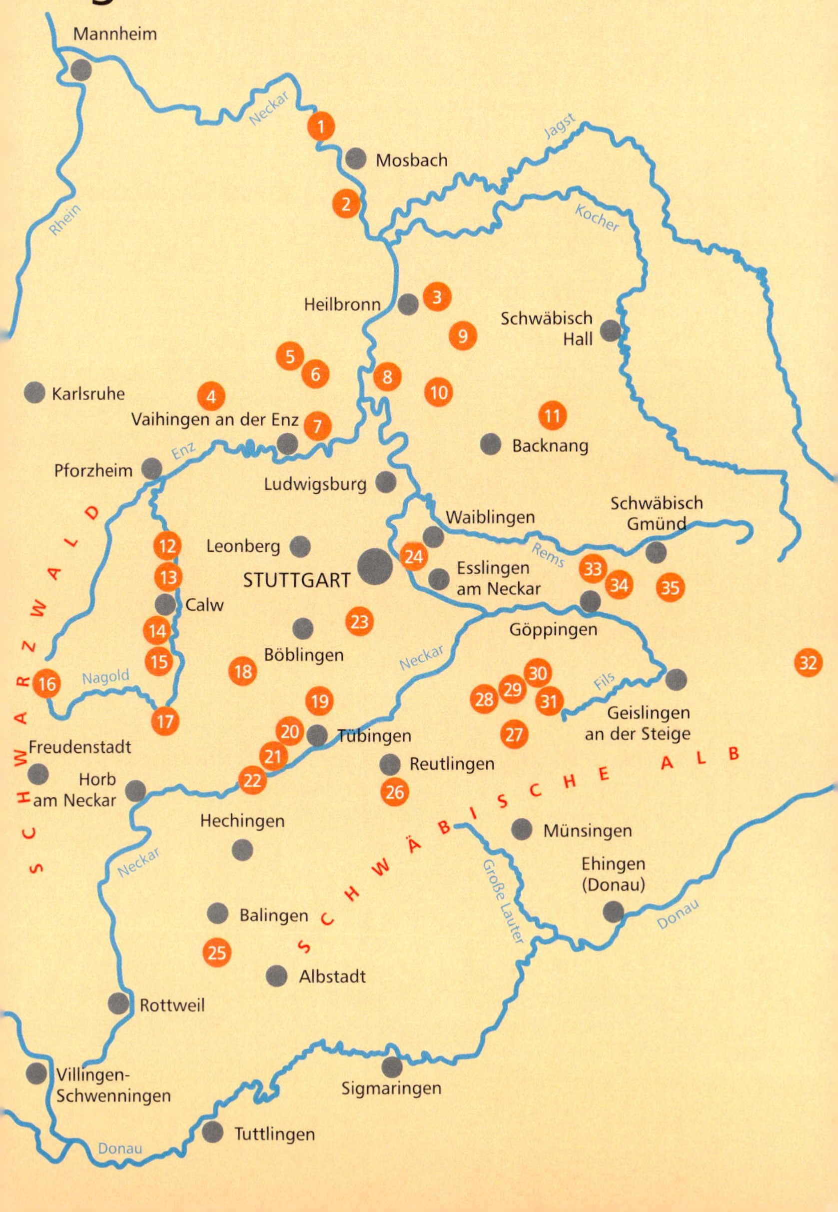
Mannheim
Neckar
Rhein
Mosbach
Jagst
Kocher
Heilbronn
Schwäbisch Hall
Karlsruhe
Vaihingen an der Enz
Enz
Pforzheim
Ludwigsburg
Backnang
Waiblingen
Schwäbisch Gmünd
Rems
Leonberg
STUTTGART
Esslingen am Neckar
Calw
Göppingen
Böblingen
Nagold
Fils
Geislingen an der Steige
Freudenstadt
Tübingen
Reutlingen
Horb am Neckar
Hechingen
Münsingen
Ehingen (Donau)
Große Lauter
Donau
Balingen
Albstadt
Rottweil
Villingen-Schwenningen
Sigmaringen
Tuttlingen
SCHWARZWALD
SCHWÄBISCHE ALB
1
2
3
4
5
6
7
8
9
10
11
12
13
14
15
16
17
18
19
20
21
22
23
24
25
26
27
28
29
30
31
32
33
34
35

Vorwort

Liebe Leserin, lieber Leser,

Sagen sind nicht nur etwas für Kinder, sondern auch für historisch interessierte Erwachsene. Denn so sagenhaft manche alte Geschichte auch anmutet, es steckt doch oft ein wahrer Kern in ihnen. In Sagen sind Glaube und Aberglaube genauso festgehalten wie historische Ereignisse. Überdies können sie die Hintergründe von Begriffen verdeutlichen, zum Beispiel von alten Wald- oder Flurnamen. Aber auch über rätselhafte Naturereignisse, über reale Orte und Teile einer Landschaft erzählen Sagen nicht selten. Und manchmal entstehen sogar »Wandersagen«, die dann in Variationen hier und dort auftauchen.

Es ist übrigens nicht immer ganz leicht, formal zwischen Sagen und Märchen zu unterscheiden. Häufig zeichnen sich Letztere aber durch eine optimistische Weltsicht aus. Sagen neigen demgegenüber zu einer eher problembeladenen Grundhaltung. Dafür sind sie meist wirklichkeitsnäher. So vereinigen Sagen Mysteriöses und Fantastisches mit historischen oder zumindest historisch anmutenden Ereignissen – man denke hierbei nur an solche, die von Hungersnöten, der Pest, von Kriegszeiten, von Belagerungen, Rittern und Raubrittern erzählen.

In diesem Buch wurden zahlreiche Sagen aus Südwestdeutschland zusammengeführt. Dabei war ein Grundsatz (leider): Mut zur Lücke! Denn nur ein kleiner Teil des hierzulande reichen Sagenschatzes konnte letztlich berücksichtigt werden. Es lag mir bei der Auswahl am Herzen, dass sich die Sagen gut nacherzählen (und vorlesen) lassen und dass die Geschichten spannend sind. Vor allem aber natürlich, dass sich die »Sagen-Ziele« in eine schöne Wanderung einfügen lassen. So kann nun jeder mit diesem Buch auf Schusters Rappen einen Eindruck von der Landschaft gewinnen, in der die sagenhaften Ereignisse sich einst zugetragen haben sollen. Und weil Wanderungen zu Sagenzielen auch für Kinder geeignet sein sollten, haben viele Touren in diesem Buch eine kindgerechte Länge. 35 Wanderungen sind in diesem Führer enthalten. Möge er Ihnen Lust machen, sich mit den alten Geschichten zu befassen, und den Wunsch wecken, noch weitere Sagen-Schauplätze zu erwandern.

Ich wünsche Ihnen beim Lesen, Nacherzählen oder Vorlesen und vor allem beim Nachwandern so viel Spaß, wie ich ihn beim Erkunden hatte – und viele interessante Erlebnisse und Begegnungen.

Dieter Buck

Zur sagenumwobenen Minneburg

Neckargerach – Guttenbach – Minneburg – Guttenbach – Neckargerach

Die Minneburg, eine der schönsten der vielen Burgen am Neckar, liegt sechzig Meter über dem Neckar wie ein Märchenschloss versteckt im Wald. Und dazu passend rankt sich um sie auch eine Sage um ein Ritterfräulein und ihre Liebe. Der Name kommt aber nicht von »Minne«, sondern wahrscheinlich davon, dass der Berg einst »Nunniberg« hieß. Da die Tour recht kurz und die Ruine überaus romantisch ist, werden Kinder sicherlich Freude an diesem Ausflug haben – auch wenn es zur Burg etwas bergauf geht.

- **Ausgangspunkt:**
  Neckargerach-Guttenbach.

- **Wegverlauf:**
  An der Abfahrt »*Neckargerach*« von der B 37 überqueren wir den Fluss und fahren bis *Guttenbach,* wo wir uns gleich nach der Brücke rechts halten zum *Parkplatz Minneburg/Ziegelhütte.*

Von dort spazieren wir entlang des Neckars nach Norden. Bald kommen rechts eine weitere *Parkmöglichkeit* sowie eine Freifläche zum Neckar hin. Danach verzweigt sich der Weg. Geradeaus ist gesperrt (»Naturschutzgebiet«), deshalb halten wir uns an den linken, aufwärts führenden Zweig, der mit dem Zeichen des Odenwaldclubs, das wie ein auf dem Kopf stehendes T aussieht, markiert ist. Auf diesem Weg marschieren wir nun immer aufwärts bis zu einer Kreuzung, hier biegen wir scharf links ab (»Minneburg 2,2 Kilometer«). Nun geht es eben oder leicht bergab weiter, immer geradeaus bis zur

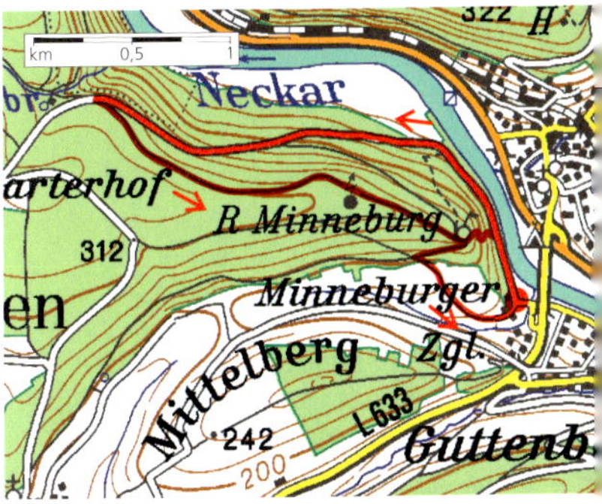

Minneburg. Hier sollten wir uns vor einer Besichtigung mit der Sagengestalt von der Minneburg bekannt machen.

Wie die Minneburg zu ihrem Namen kam

Einst hatte sich zugetragen, dass die Tochter des Grafen von Horneck, Minna, sich in den Grafen Edelmut von Ehrenberg verliebte. Dieser nahm jedoch an einem Kreuzzug teil und ließ sieben Jahre nichts von sich hören. Weil er so lange ausblieb, sollte Minna schließlich den Grafen von Dilsberg heiraten, was ihr aber so widerstrebte, dass sie mit Dienerin und Hund in die Gegend gegenüber von Neckargerach floh. Da sie dort nur zu essen hatten, was sie im Wald fanden, wurde Minna bald krank.

Als der Ritter Edelmut nach Jahren von seinem Kreuzzug zurückgekehrt war, fand er dank des Bellens des Hundes seine Geliebte im Wald. Minna aber lag bereits im Sterben. Und so hat der Ritter als Andenken an seine Braut die Minneburg gebaut, und am Eingang zum Palas ließ er den Hund in Stein hauen.

Die Kernburg der **Minneburg** mit dem kleinen, aber hohen Bergfried, der Ringmauer, dem Palas und dem so genannten Küchenbau stammt vermutlich aus der Zeit um 1250. Gesichert ist das aber nicht. Erstmals

Vom Wanderweg hat man einen herrlichen Tiefblick hinab ins Neckartal.

erwähnt wurde sie 1339. Ab 1518 kam sie nach verschiedenen Vorbesitzern als Erblehen an Wilhelm von Habern. Nun erlebte die Burg ihre Glanzzeit. Wilhelm, Vogt von Heidelberg und ab 1524 pfälzischer Obermarschall, ließ die bis dahin kleine Burg zu einem vornehmen Herrenhaus ausbauen. 1522 wurde der dreigeschossige Palas mit dem Treppenturm, »Schneck« genannt, und dem großen Erker auf der Giebelseite erbaut. Der gotische Palas wurde damals auf der Hofseite im Renaissancestil verändert und mit einem schönen Treppenturm mit Wendelstiege versehen. 1560 fiel die Burg nach dem Aussterben der Familie von Habern an die Pfalz zurück. Nach dem Dreißigjährigen Krieg wurde sie teilweise abgetragen und diente der Bevölkerung als Steinbruch. Der letzte Bewohner der Burg war wohl ein Einsiedler, der 14 Jahre hier wohnte und 1819 verstarb.

Nach der Besichtigung können wir entweder dem steil bergab führenden Pfad folgen, der zum Neckar führt, oder wir gehen bequemer unterhalb der Burg auf dem nach Westen führenden breiten Weg bergab bis zu einer Schranke, danach halten wir uns links, verlassen den Wald und spazieren gemütlich zurück nach *Guttenbach*.

- **Länge:**
  Etwa 8 Kilometer.

- **Zeit:**
  Etwa 2 Stunden.

- **Höhenunterschied:**
  Etwa 80 Meter.

- **Empfohlene Karte:**
  Freizeitkarte 514 Mosbach, Landesvermessungsamt Baden-Württemberg.

- **Sonstiges:**
  Die Wanderung verläuft auf festen Wegen.

Burg Guttenberg und die weiße Frau

Burg Guttenberg – Gäßnerklinge – Heinsheim – Burg Guttenberg

Die Burg Guttenberg wäre allein schon einen Ausflug wert. Mit einer Besichtigung und dem Besuch der Deutschen Greifenwarte kann man einige Zeit verbringen. Aber auch die Umgebung lockt zu einer kleinen Wanderung. Und der Neckar mit seinem Schiffsverkehr ist immer interessant und sorgt für Abwechslung.

- **Ausgangspunkt:**
 Haßmersheim-Neckarmühlbach, Burg Guttenberg.

- **Wegverlauf:**
 Wir parken entweder direkt an der Burg oder etwas weiter südlich auf dem großen Parkplatz. Von der *Burg* aus folgen wir dem Sträßchen nach Süden, zweigen aber kurz darauf nach links auf den Naturpfad ab, der uns parallel zur Straße zu dem *großen Parkplatz* bringt, wo noch eine Parkmöglichkeit wäre. Hier gehen wir mit dem Zeichen R nach links in den Wald hinein. Der Weg zieht nach rechts und bringt uns zum Waldrand. Hier halten wir uns kurz links, dann rechts. Auf einem Naturweg spazieren wir bis vor einen *Weinberg,* hier gehen wir, etwas nach rechts versetzt, weiter hinab zu einem *Häuschen* vor einem querenden Asphaltweg. Wir biegen links ab und nehmen nach dem Häuschen an der Verzweigung den mittleren Weg, der uns als Pfad durch die geheimnisvolle *Gäßnerklinge* führt. Diese passt wunderbar zum Thema »Sagen«: Es erwartet uns nämlich eine fast urwaldähnliche Natur mit Schlingpflanzen, efeuumrankten Baumstämmen und einem tief eingeschnittenen Bachgraben. Rechts oben sehen wir bald das Schloss Ehrenberg. Wir gehen bergab bis zur Straße und auf ihr bis vor den Neckar, hier orientieren wir uns rechts. Nun wandern wir entlang des Flusses bis zu den *Sportplätzen* von *Heinsheim*.

 Nun müssen wir uns entscheiden. Wer nur eine kurze Tour unternehmen will, biegt nach rechts ab und spaziert durch die Ne-

Von außen wirkt die Burg Guttenberg wehrhaft und abweisend.

ckarstraße in den Ort hinein. Wir überqueren die Durchgangsstraße und gehen weiter, bis wir nach *Haus Nr. 44* nach rechts hinauf zur »Bergkirche« verwiesen werden. Auf einer langen Treppe steigen wir hinauf zu dieser interessanten *Kirche*.

Länger ist die Tour, wenn wir an den *Sportplätzen* noch geradeaus weiterwandern. Dabei spazieren wir entlang des Neckars auf dem

als Radweg markierten Weg nach Süden, bis wir nach etwa 1,5 Kilometern nach rechts zur Landstraße gehen können. Wir überqueren sie und wandern dahinter sanft ansteigend weiter. Nach dem Wald geht es noch kurz geradeaus, dann biegen wir am nächsten festen Weg rechts ab. Kurz darauf halten wir uns wieder rechts, dann links. Wir kommen nach *Heinsheim* hinein und gehen nach den Wohnhäusern links am *Schloss* vorbei bis vor *Haus Nr. 44,* wo wir auf der Treppe links hinauf zur »Bergkirche« steigen.

Danach sind die beiden Wegvarianten wieder vereint. Wir folgen ab der »*Bergkirche*« dem Zufahrtssträßchen, das uns hinauf zur Landstraße bringt. Hier halten wir uns links, dann gleich wieder rechts. Jetzt geht es auf einem Sträßchen zurück zur *Burg Guttenberg,* die wir nun besichtigen können.

Die weiße Frau

Im Schloss Guttenberg ging einst eine alte, in weiße Kleidung gehüllte Frau von großer Gestalt um. Den Mägden gegenüber war sie sehr zuvorkommend. Sie half ihnen bei der Arbeit, vor allem beim Waschen. Es kam aber auch vor, dass sie nur einfach still dastand und den Mägden bei der Arbeit zuschaute, bis sie einer Magd plötzlich von hinten aufsaß, wenn diese gebückt am Backtrog stand. Schaute sich die Magd dann um, war die weiße Frau verschwunden.

Einem Knecht des Schlosses, der der weißen Frau aus Neugierde manchmal nachging, nahm sie zur Strafe von Zeit zu Zeit die Bettdecke weg und trug sie in eine Zimmerecke. Wenn aber der Morgen kam, schlich sie stets über den Schlosshof ins Waschhaus und verschwand dort in einer dunklen Ecke.

Um dem Spuk auf den Grund zu gehen, ließ einer der Schlossherrn eines Tages in dieser dunklen Ecke graben. Und so fand man das Gerippe eines großen Erwachsenen und das eines kleinen Kindes. Nachdem die Gebeine der beiden auf dem Friedhof beerdigt wurden, war die weiße Frau nie mehr gesehen.

Die um 1200 erbaute **Burg Guttenberg** gehörte erst den Staufern, später den Reichsdienstmannen von Weinsberg. 1449 wurde sie für 6000 Gulden an Hans den Reichen von Gemmingen (gestorben 1490) verkauft. Dessen Familie gehört die Anlage heute noch.

Die heute durch die Straße getrennte Vorburg ist durch eine von zwei Rundtürmen flankierte Toranlage gesichert; gegen Nordosten liegen die Stall- und Remisengebäude. Das Brunnenhaus vor dem Haupttor der Vorburg ist ein 1555 erbauter Steinbau mit Staffelgiebeln, an dem das Doppelwappen der Gemmingen angebracht ist. Der Alte Bau stammt aus dem 15. Jahrhundert. Mit dem Bergfried verbunden ist der nördlich liegende Neue Bau (dat. 1545). Die Kernburg umschließt einen kleinen Hof mit Bauwerken (13.–18. Jahrhundert). Er wird von der fast zwanzig Meter hohen Schildmauer (12./13. Jahrhundert) begrenzt. Der Bergfried (13. Jahrhundert) besitzt ein Seitenmaß von 8,5 Meter und zwei Meter starke Wände, sein Eingang lag etwa 15 Meter hoch. Die Wohngebäude wurden im 14. und 15. Jahrhundert errichtet. Um die gesamte Kernburg läuft ein doppelter Zwinger mit sechs Ecktürmen. Es gibt ein Burgmuseum, in den Außenanlagen befindet sich die Deutsche Greifenwarte, die täglich um 15 Uhr Flugvorführungen veranstaltet, von April bis Oktober zusätzlich um 11 Uhr.

- **Länge:**
  Kurze Variante etwa 6 Kilometer, lange Tour rund 10 Kilometer.

- **Zeit:**
  Kurze Variante etwa 2 Stunden, lange Tour etwa 3 Stunden.

- **Höhenunterschied:**
  Etwa 220 Meter.

- **Empfohlene Karte:**
  Freizeitkarte 514 Mosbach, Landesvermessungsamt Baden-Württemberg.

- **Einkehrmöglichkeit:**
  Burg Guttenberg.

- **Sonstiges:**
  Die Tour verläuft auf Pfaden und festen Wegen.

Die Bergkirche ist innen über und über mit Fresken ausgeschmückt.

Den treuen Weibern auf der Spur

Weinsberg – Ruine Weibertreu – Schemelsberg – Heilbronner Weinberge – Weinsberg

Diese Wanderung führt uns durch die Rebenlandschaft bei Weinsberg und Heilbronn, wo prächtige Ausblicke auf die Weinberge und die im Tal liegenden Städte warten. Den kulturellen Höhepunkt dieser Wanderung, die Ruine Weibertreu, besichtigen wir gleich zu Beginn.

- **Ausgangspunkt:**
  Weinsberg.

- **Wegverlauf:**
  Wir parken auf dem *Parkplatz Weibertreu* bei der *Stadtkirche* und der *Hildthalle*. Dann wandern wir mit den Zeichen blaues Kreuz und Württembergischer Weinwanderweg in die Weinberge hinein und auf die *Ruine Weibertreu* zu, die wie eine Krone den Berg schmückt. Kurz danach steigen wir auf einer Treppe zur Ruine hinauf.

Die treuen Weiber

König Konrad III. von Hohenstaufen focht im 12. Jahrhundert wilde Kämpfe mit dem bayerischen Welfen-

Wie eine Krone sitzt die Ruine Weibertreu auf den Weinbergen.

herzog um die deutsche Königskrone aus. In der Nähe der Feste Weinsberg, die damals im Besitz der Bayern war, kam es 1140 zum Gefecht. Sie ging für die Welfen schlecht aus: Die Bayern verloren die Stadt Weinsberg und mussten sich auf die Feste flüchten. Konrad belagerte daraufhin die Burg mehrere Wochen lang. Weil diese jedoch auf einem steilen Hügel erbaut, von festen Mauern und Türmen umgeben und damit fast uneinnehmbar war, begann Konrad, die Belagerten auszuhungern, was schließlich zum gewünschten Ziel führte: Dem Welfenherzog blieb nichts, als sich auf Gnade und Ungnade zu ergeben.

Den männlichen Feinden bestimmte der Kaiser den Tod; milde gesinnt, trotz des harten Kampfes, erlaubte der Staufer aber den Weibern den freien Abzug und gestattete ihnen sogar, von ihrem liebsten Gut so viel mitzunehmen, wie sie tragen konnten. Konrad dachte dabei an Hausrat, Kleidung, Schmuck und ähnliche Dinge; die Weinsbergerinnen aber nahmen jede ihren Ehemann auf die Schulter und trugen sie den Burgberg hinab. Seit diesem Tag heißt die Burg Weibertreu.

Die heute **Weibertreu** genannte Burg bestand vermutlich schon

im frühen 11. Jahrhundert. 1133 kam sie an den bayerischen Herzog Welf VI. Da dieser Ansprüche auf den deutschen Königsthron erhob, wurde er vom Stauferkönig Konrad III. mit eiserner Faust bekämpft. Am 15. November 1140 begann die Belagerung der Burg, die entscheidende Schlacht fand am 21. Dezember statt. Welf, der sich gerade in Bayern aufgehalten hatte, eilte den Belagerten zwar zu Hilfe, konnte dann jedoch nur mit Mühe selbst entkommen. Die Burg musste er verloren geben. Nun spielte sich vielleicht die Geschichte ab, die unter dem Namen der »treuen Weiber von Weinsberg« bekannt ist.

König Konrad III. belagerte die Burg Weinsberg. Miniatur aus der Chronica Regia Coloniensis, 13. Jahrhundert

1504 wurde die Burg mitsamt der Stadt von Herzog Ulrich von Württemberg erobert und dabei schwer verwüstet. Im Bauernkrieg wurde sie schließlich am Ostersonntag, den 16. April 1525, zerstört. Seither ist die Burg Ruine.

Später bemühte sich der in Weinsberg ansässige Dichter und Arzt Justinus Kerner um die verfallende Anlage. Am dicken Turm ließ Kerner seine im Wind tönenden Äolsharfen in die Schießscharten einmeißeln, und sein Sohn veranlasste, dass die Namen von achtzig bekannten Burgbesuchern (Gustav Schwab, Wilhelm Hauff, Nikolaus Lenau, Herzog Alexander u. a.) am Sockel des Bergfrieds angebracht wurden. Heute ist die Ruine gegen Eintritt zu besichtigen.

Nach der Besichtigung gehen wir wieder zurück zum Fuß der Treppe und halten uns rechts in die Weinberge. Bald kommen wir an einem Mauerstück vorbei, in dem zahlreiche Steinplatten mit Sinnsprüchen eingelassen sind. Danach zieht der Weg nach rechts in einen Sattel, hier gehen wir nach links hinauf zum Waldrand. Vor diesem orientieren wir uns links und gehen auf dem Weinlehr-

Der mächtige Brunnen im Zentrum von Weinsberg erzählt die Geschichte von den treuen Weibern von Weinsberg.

pfad weiter durch die Weinberge des Schemelsberges. An einer Verzweigung nehmen wir mit dem Zeichen des Weinwanderwegs den linken, leicht bergab führenden Weg.

Er zieht nach rechts und bringt uns zu einer Einsattelung unterhalb eines großen Kreuzes, hier beschreibt er eine Linkskurve. An der nächsten Verzweigung halten wir uns rechts, dann links. Wir überqueren einen Weg und kommen hinab zu einem Querweg im Tal. Hier orientieren wir uns links. Etwas später bei einem *Haus* gehen wir nach rechts zur Straße, überqueren sie an der *Ampelanlage* und gehen dahinter kurz geradeaus weiter in der Weidachstraße. Gleich danach zweigen wir nach rechts in Richtung »Kleingartenanlage« ab.

An der nächsten Verzweigung nehmen wir den rechten, geradeaus weiterführenden Weg, ignorieren, dass der Radweg gleich darauf rechts abknickt und wandern immer mäßig ansteigend geradeaus den Berg hinauf. Schließlich stoßen wir auf die Straße, hier biegen wir nach dem Wald mit dem Zeichen des Weinwanderwegs nach links in den Heilbronner Keuperweg ein.

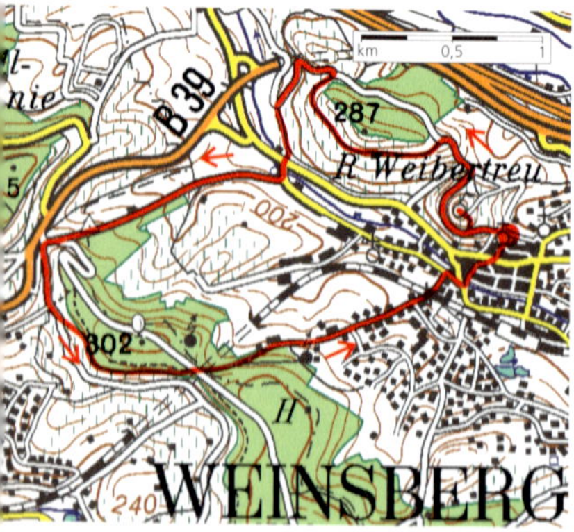

Nun haben wir eine prächtige Sicht auf Heilbronn, seine Weinberge und das Heilbronner Unterland. Interessant sind die geologischen Aufschlüsse am Weg. Wir wandern, bis uns der Weg nach links zum Wald bringt. Hier überqueren wir den auf dem Kamm des Berges verlaufenden Weg und nehmen den mit dem blauen Punkt markierten Pfad, der auf der anderen Seite abwärts führt. An einer Verzweigung bei einer steinernen *Sitzbank* von 1898 halten wir uns links und kommen hinab zu einer lang gestreckten *Holzscheune*.

Nun spazieren wir auf dem Steinbruchweg durch das Wohngebiet abwärts, unterqueren die Bahn und gehen in der Pfaffstraße geradeaus weiter bis zu einer Querstraße. Wir biegen nach rechts ab und kommen zu einer kleinen Grünanlage mit zwei alten *Kreuzen*.

Hier wurde 1525 im Bauernkrieg der Obervogt Graf Ludwig von Helfenstein, der Schwiegersohn von Kaiser Maximilian und weitere Ritter durch die Bauern unter Führung von Jäcklein Rohrbach geschlagen.

Nun biegen wir nach links in die Straße Unteres Tor ein. Sie bringt uns zum ehemaligen Spital, danach gehen wir in der Sterngasse geradeaus weiter. Sie zieht nach rechts und bringt uns zur Hauptstraße. Etwas nach rechts versetzt gehen wir am Brunnen und am *Rathaus* hinauf in Richtung Kirche. Im Rathaus befindet sich das sehenswerte Weibertreu-Museum, am Weg eine Skulptur, welche die »treuen Weiber von Weinsberg« abbildet. Wir steigen danach auf der Treppe hinauf zur *Kirche*. Hinter ihr liegt unser *Parkplatz*.

- **Länge:**
  Etwa 7 Kilometer.

- **Zeit:**
  Etwa 2 ½ Stunden.

- **Höhenunterschied:**
  Etwa 300 Meter.

- **Empfohlene Karte:**
  Freizeitkarte 517 Heilbronn, Landesvermessungsamt Baden-Württemberg.

- **Einkehrmöglichkeit:**
  Weinsberg.

- **Sonstiges:**
  Die Tour verläuft meist auf festen Wegen, nur der Abstieg ein Stück auf einem Pfad.

Kloster, Mönche, Doktor Faust

Maulbronn – Reutsee – Zaisersweiher – Rossweiher – Maulbronn

Wir kommen auf dieser Tour an drei künstlich angelegten Seen vorbei. Sehenswert ist außer dem Fachwerkdorf Zaisersweiher mit seinen zahlreichen malerischen Gebäuden natürlich vor allem das Weltkulturerbe Kloster Maulbronn. Die Klosteranlage sollte man unbedingt besuchen.

- **Ausgangspunkt:**
  Maulbronn.

- **Wegverlauf:**
  Wir parken auf dem großen *Parkplatz* westlich der *Klosteranlage*. Dann wandern wir mit dem Zeichen roter Strich zwischen Friedhof und Klostermauer entlang, dabei haben wir immer wieder einen schönen Blick auf die große Anlage. Schließlich treffen wir bei einer alten *Grubbank* auf einen querenden Weg, hier halten wir uns links zum

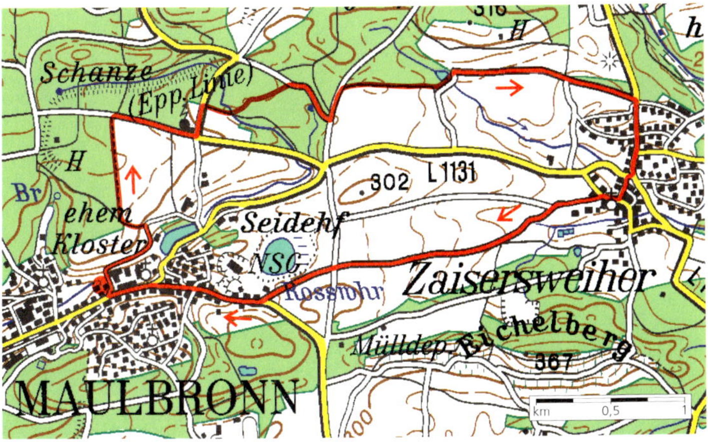

Wald. Am Waldrand biegen wir mit dem roten Strich nach rechts ab und wandern mal im, mal am Wald entlang. Wo der Waldsaum rechts abknickt, biegen wir nach rechts ab und wandern, nun ohne Zeichen, bis zu einem *Gehöft* vor der Landstraße.

Wir biegen mit dem blauen Strich links ab zum nächsten Waldrand, hier werden wir nach rechts in den Wald verwiesen. Kurz darauf zweigt unser Wanderweg links ab und bringt uns zu einem breiteren Forstweg, dem wir nach rechts folgen. Wir kommen an einem Mammutbaum vorbei, kurz darauf zieht unser Weg nach rechts zum Waldrand. Dort orientieren wir uns links.

Wo der Waldsaum nach rechts abknickt, folgen wir dem Blaustrichweg nach rechts in den Wald. Nun wandern wir auf einem Pfad bis zum *Reutsee,* gehen kurz an ihm entlang und orientieren uns

dort, wo wir links vor dem See eine Schranke sehen, rechts in die Baumwiesen. Jetzt wandern wir immer geradeaus bis zu den ersten Häusern von *Zaisersweiher*. Hier biegen wir an der *Zigeuner-Eiche* rechts ab und spazieren, bis die Straße nach »Maulbronn« rechts abgeht.

Wir halten uns kurz rechts, dann links in die Poststraße. Immer geradeaus gehend kommen wir bei Gebäude *Poststraße 1* zu einer Querstraße. Wir halten uns rechts, marschieren an der *Kirche* vorbei und zweigen am zweiten Weg, vor dem Ziegelsteinhaus, links ab. An der Verzweigung nach dem Ort orientieren wir uns links und marschieren durch die Felder, schließlich am *Rossweiher* vorbei. Nach ihm kommen wir zur Landstraße, die uns nach rechts nach *Maulbronn* zurückbringt.

Schließlich stoßen wir an einem Kreisverkehr auf die *Klosteranlage*. Nach rechts ginge es zum *Tiefen See*, in dem man auch baden kann. Ansonsten gehen wir durch die Parkanlage nach links in den *Klosterhof* hinein. Der Eckturm mit dem Fachwerkaufsatz ist der Faustturm.

Die Gründung Maulbronns

Es war zu Beginn des 12. Jahrhunderts, als der fromme Ritter Walter von Lomersheim nach einem kriegerischen Leben den Anstoß zum Bau des Klosters Maulbronn gab. Zunächst ließ Walter ein Kloster auf seinem Gut Eckenweiher bei Mühlacker bauen. Doch dort gefiel es den zwölf Zisterziensermönchen unter Abt Dieter, die der Bischof von Speyer gesandt hatte, nicht sonderlich. Der Ort war sumpfig, die Luft rau und die Wälder waren düster. Als die Mönche ihre Klage dem Bischof vorbrachten, erlaubte dieser ihnen, sich in den gro-

Inmitten der ausgedehnten Klosteranlage Maulbronn befindet sich ein großer Platz mit einem Brunnen.

In diesem Turm soll Doktor Faust vom Teufel geholt worden sein.

ßen Wäldern am Fuße des Strombergs ein Plätzchen zu suchen.

Mit Hilfe eines Maulesels sollte nun der neue Bauplatz gefunden werden. Zu diesem Zweck belud man eines dieser nützlichen Tiere mit dem Geld, das für den Neubau bestimmt war, und ließ es laufen. Als der Maulesel bei einer Quelle anhielt, um sich auszuruhen, war der Platz für das neue Kloster gefunden. Zur Erinnerung an den fleißigen Maulesel bekam die Stelle sogleich den Namen »Maulbronn«.

Zu jener Zeit war das Tal jedoch auch als Schlupfwinkel für Räuber und Wegelagerer bekannt. Da den Spitzbuben der Klosterbau gar nicht behagte, drohten sie mit dessen Zerstörung, sollten die Bautätigkeiten nicht augenblicklich eingestellt werden. Ein besonders schlauer Mönch ließ sich daraufhin von den Räubern den Schwur abnehmen, dass das Kloster nicht fertig gebaut werde. Zur Bekräftigung ließen die Mönche das Bild einer Hand, zum Schwur gehoben und mit Stricken gefesselt, in einen Mauerstein hauen. Man vollendete den Bau daraufhin bis auf eine Lücke in der linken Wand des Kirchenschiffs; den dafür bestimmten Steinquader legten die Mönche darunter.

Als die Räuber den fertigen Bau sahen, beschuldigten sie die Mönche des Meineids. Diese jedoch zeigten ihnen den Stein und das Loch und bewiesen damit, dass die Kirche nicht fertig gebaut worden war. Daraufhin verschwanden die Räuber auf Nimmerwiedersehen und ließen die Mönche fortan in Frieden.

Die Beschwörung des Teufels durch Faust. Englischer Holzschnitt aus dem 17. Jahrhundert

Doktor Faust und der Teufel

Einst war Doktor Faust auf Bitten des Abtes Johannes Entenfuß im Kloster Maulbronn zu Gast, um aus Sand Gold herzustellen. Der Abt plante, mit dem Edelmetall die zerrütteten Klosterfinanzen wieder ins rechte Lot zu bringen. Sein alchemistisches Handwerk soll Faust in diesen Tagen in jenem Turm betrieben haben, der heute »Faustturm« genannt wird. Dort findet sich auch ein großer, unauslöschlicher Blutfleck an einer Wand, der daher rührt, dass der Teufel Faust den Schädel einschlug, bevor er ihn mit sich nahm.

Das **Kloster Maulbronn** ist das am besten erhaltene mittelalterliche Zisterzienserkloster in Deutschland. Außerdem steht es seit 1993 auch unter dem Schutz der »Internationalen Konvention für das Kultur- und Naturerbe der Menschheit« der UNESCO, weil es nach Ansicht der

Gutachter die »vollständigste unversehrte Klosteranlage der Zisterzienser in Europa« ist. Gegründet wurde es 1138, zunächst in Eckenweiher, von dem Edelfreien Walter von Lomersheim als Filialkloster der elsässischen Zisterzienserabtei Neuburg. Unter Mitwirkung des Speyerer Bischofs Gunther von Henneberg wurde es 1147 ins Salzachtal verlegt. Der 1161 in Maulbronn gestorbene Bischof ist auch in der Kirche bestattet.

Auf dem Höhepunkt der klösterlichen Macht war Maulbronn in mehr als hundert Orten begütert und unterhielt viele Pfleghöfe. Der Weinbau war so bedeutend, dass einmal ein Abt gesagt hat: »Unsere Weinfässer sind größer als die Wohnungen der ägyptischen Mönche, und unsere Fruchtspeicher geräumiger als ihre Klöster.«

Im bayerisch-pfälzischen Erbfolgekrieg wurde das Kloster 1504 von Herzog Ulrich von Württemberg erobert. Nach der Zwangsreformierung im protestantischen Württemberg übersiedelte 1537 der Konvent in das Zisterzienserkloster Pairis im Elsass. 1546/47 musste der württembergische Herzog nach der Niederlage im Schmalkaldischen Krieg das Kloster zwar zwischenzeitlich den Mönchen für knapp zehn Jahre wieder zurückgeben. Nach dem Augsburger Religionsfrieden von 1555 erhielt der Fürst aber endgültig das Recht, das Bekenntnis der Untertanen seines Landes zu bestimmen. Württemberg richtete kurz darauf in allen Männerklöstern des Landes evangelische Klosterschulen zur Ausbildung des geistlichen Nachwuchses ein. Durch das Restitutionsedikt des Kaisers konnten während des Dreißigjährigen Krieges 1630 bis 1649 kurzzeitig wieder Mönche in Maulbronn einziehen. 1648, im westfälischen Frieden, fiel das Kloster dann aber endgültig den Protestanten zu.

Die Klosterschule wurde in seiner Geschichte von zahlreichen später berühmten Persönlichkeiten besucht, so von Johannes Kepler, Friedrich Hölderlin oder Hermann Hesse.

- **Länge:**
  Etwa 10 Kilometer.

- **Zeit:**
  Etwa 2 ½ bis 3 Stunden.

- **Höhenunterschied:**
  Etwa 200 Meter.

- **Empfohlene Karte:**
  Freizeitkarte 517 Heilbronn, Landesvermessungsamt Baden-Württemberg.

- **Einkehrmöglichkeit:**
  Maulbronn.

- **Sonstiges:**
  Die Tour verläuft auf Pfaden und festen Wegen. Im Tiefen See kann man baden.

Die Schlüsselblume von Burg Blankenhorn

Eibensbach – Ruine Blankenhorn – Ochsenbacher Weinberge – Eibensbach

Diese Wanderung führt uns zuerst zur Ruine Blankenhorn, eine der großen Burganlagen im Stromberggebiet. Sie hat nicht nur eine interessante Geschichte vorzuweisen, sondern ist auch Schauplatz einer hübschen Sage. Danach geht es durch einen Wald und mit viel Aussicht durch Weinberge weiter.

- **Ausgangspunkt:**
  Güglingen-Eibensbach.

- **Wegverlauf:**
  Wir nehmen gegenüber der *Kirche* die Vohbergstraße, dann die Blankenhornstraße, die mit dem roten Kreuz bereits zur »Ruine Blankenhorn« weist. Immer dem Zeichen folgend kommen wir in den Wald, dann weiter zur rechts liegenden *Ruine Blankenhorn*.

Die Schlüsselblume am Heuchelberg

In der Nähe der Ruine Blankenhorn hütete einst ein armer Kuhhirte aus Eibensbach seine Herde. Und obgleich es gerade Spätherbst war, sah er auf dem Heimweg eine große Schlüsselblume, wie er noch nie eine gesehen hatte. Er brach sie ab und steckte sie sich an den Hut. Auf seinem Weg wurde der Hut plötzlich auffallend schwer. Und als er ihn abnahm, sah er, dass statt der Blume ein silberner Schlüssel daran hing. Just in diesem Moment aber wurde er einer schneeweißen Jungfrau gewahr, die vor ihm auf dem Weg stand. Diese sagte zu ihm: »Schließe mit diesem Schlüssel die Türe auf. Von den Schätzen, die du siehst, kannst du mitnehmen, so viel du willst.« Sie selbst, gab sie dem Hirten zu verstehen, werde durch seine Tat von einem Fluch erlöst. Und tatsächlich erblickte der Hirte plötzlich eine Türe am Berg. Die Jungfrau jedoch, bevor sie verschwand, fügte noch die rätselhaften Worte hinzu: »Vergiss aber das Beste nicht!«

Sogleich öffnete der Hirte mit dem silbernen Schlüssel die Türe und füllte all seine Taschen und sogar seine Ärmel mit Gold und Silber. Ob der vielen Reichtümer an seinem Leib bekam er es aber plötzlich mit der Angst zu tun, so dass er mit seinen ganzen Schätzen forteilte und in seiner Hast vergaß, auch »das Beste«, nämlich den Schlüssel mitzunehmen. Das aber war ein Fehler, denn so wurde die weiße Jungfrau nicht von ihren Leiden erlöst.

Der Kuhhirte aber wanderte aus Angst, dass seine Mitbürger glauben könnten, er habe die Schätze nicht auf ehrliche Art und Weise erworben, bald nach Amerika aus.

~

Der Name der **Ruine Blankenhorn** geht auf die drei silberblanken Jagdhörner im Wappen der Herren von Neuffen zurück. Die Burg wurde wohl um 1220 von Heinrich II. von Neuffen erbaut. Sie war damals eine der stärksten Festungen des Landes, kam 1321 an Württemberg und wurde Sitz eines Forstmeisters. Da die Württemberger bald keine Verwendung mehr für sie hatten, wurden 1479/80 Dach und Gebälk abgebrochen. Danach verfiel die Burg.

Die mächtige Schildmauer der Anlage ist 18 Meter hoch und drei Meter stark. Man sieht heute noch die Mauerreste eines fünfgeschossigen Wohngebäudes (Palas), das an die Schildmauer angelehnt war. An der Bergseite findet man gegen den Burggraben eine abgeschrägte Futtermauer. Sie soll die einzige

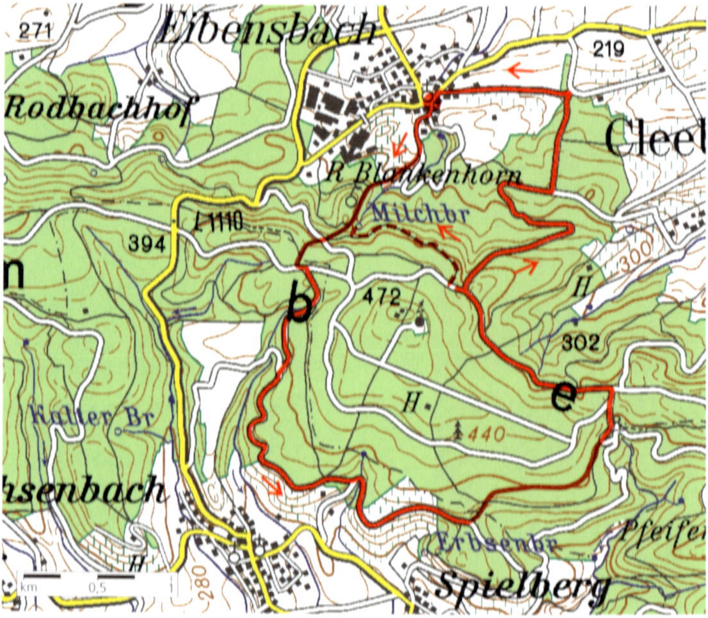

ihrer Art nördlich der Alpen und mit denen der apulischen Burgen aus der Zeit Kaiser Friedrichs II. vergleichbar sein. Im Hof der Ruine steht eine Löwenskulptur.

Kurz nach der Ruine sehen wir rechts eine Gruppe von *Mammutbäumen*. An der Verzweigung danach folgen wir dem roten Kreuz in Richtung »Ochsenbach« geradeaus und kommen nach einer Schranke zu einer Kreuzung, hier geht es mit dem roten Strich geradeaus weiter. An der nächsten Verzweigung wandern wir ebenfalls geradeaus weiter bis zu einer Asphaltstraße, hier halten wir uns links, dann gleich wieder rechts in den Aschbachweg. Er mündet in den Pionierweg, dem wir links folgen.

Wir ignorieren, dass der Weg »Kulturhistorische Weinlandschaft« nach rechts abgeht, und spazieren leicht ansteigend weiter, als Zeichen sehen wir vorübergehend nur das des Sachsenheimer Weges. Bald verlassen wir erstmals den Wald und haben einen schönen Blick ins Kirbachtal und nach Ochsenbach. Wir kommen wieder in den *Wald,* wo es nach einem Bacheinschnitt wieder leicht ansteigt in Richtung »Wolfstein«, nun mit den Zeichen rotes Kreuz, Württembergischer Weinwanderweg und roter Strich. Nach dem Wald spazieren wir geradeaus in die Weinberge hinein und weiter bis zum nächsten Waldrand, hier geht es auf dem Spielberger Weg weiter.

Die Ruine Blankenhorn ist völlig von Wald umgeben.

Wo im Wald der mit den oben genannten Markierungen versehene Weg vom breiten Weg nach rechts abzweigt, halten wir uns mit dem blauen Kreuz links auf einem Pfad. Er mündet in einen anderen Weg, hier wandern wir geradeaus weiter, ignorieren den rechts abgehenden Kaltebachweg und gehen auf dem Eselsweg geradeaus weiter. Er beschreibt eine Linkskurve, wir ignorieren den links abgehenden Birkelesweg und kommen zum Öst-

Löwenskulptur in der Ruine Blankenhorn

lichen Rennweg. Hier biegen wir mit dem roten Strich links ab.

Bald quert der Promilleweg, dann sehen wir links den *Eichenmischwaldversuch Jägerhäusle*. Danach kommen wir zu einer Kreuzung, wo wir links zum *Sendemast* sehen können. Hier haben wir verschiedene Möglichkeiten.

Entweder biegen wir mit dem roten Strich nach dem Taleinschnitt rechts ab in den Kutschenweg in Richtung »Blankenhorn« und gehen von dort auf bekanntem Weg zurück. Oder wir biegen vor dem Bacheinschnitt rechts ab in den Neuen Weg und wandern rechts der Klinge abwärts. Der Weg knickt nach einer Weile links ab, danach zieht er sanft nach rechts und knickt schließlich nach rechts ab, nun Eibensbachweg genannt. Kurz danach biegen wir links in den Weg Ransbachausfahrt ab. Er bringt uns zum Waldrand, hier biegen wir scharf links ab, überqueren den Bach und spazieren auf dem asphaltierten Weg durch die Weinberge zurück nach *Eibensbach*.

- **Länge:**
  Etwa 11 Kilometer.

- **Zeit:**
  Etwa 3 ½ Stunden.

- **Höhenunterschied:**
  Etwa 300 Meter.

- **Empfohlene Karte:**
  Freizeitkarte 517 Heilbronn, Landesvermessungsamt Baden-Württemberg.

- **Sonstiges:**
  Wir wandern auf festen Wegen und Naturpfaden, die bei Nässe schmierig sein können.

Des Teufels Lieblingsberg

Katharinenplaisir – Michaelsberg – Wolfstein – Pfeiferhütte – Klosterruine Frauenberg – Katharinenplaisir

Bei dieser Wanderung kommen wir durch alles, was die Natur des Stromberggebietes so schön macht: Wald, Baumwiesen und Weinberge. Dazu besuchen wir gleich zu Anfang die interessante Michaelskirche, die Schauplatz einer Sage ist. Historisch interessant ist auch der Wolfstein, an dem man anschließend vorbeikommt. Nach der Wanderung könnte man das Wildgehege Tripsdrill oder den Freizeitpark besuchen.

Blick über die Weinberge am Michaelsberg zur Michaelskapelle

Ausgangspunkt: Cleebronn-Treffentrill/Katharinenplaisir.

Wegverlauf: Auf dem Weg von Tripsdrill nach Cleebronn finden wir kurz nach dem *Hof Katharinenplaisir* am Abzweig zum Michaelsberg einen *Parkplatz*. Wir gehen von hier aus mit dem Wanderzeichen roter Strich auf das bereits sichtbare *Kirchlein* zu, am Schluss auf Stufen. Der Michaelsberg ist ein alter, heiliger Platz, der im Laufe der Jahrhunderte Schauplatz von vielen Sagen geworden ist.

Wie der Teufel den Bau der Michaelskirche verhindern wollte

Als der Teufel eines Tages auf dem Michaelsberg stand und von dort oben auf das Land hinabschaute, wurde ihm ganz warm ums Herz, gerade so, als ob das Paradies sich unter ihm ausbreiten würde. Hier wollte er regieren, sagte er zu sich selbst, und war mit seiner Entscheidung zufrieden.

Da traf er auf den heiligen Bonifatius, der eben dabei war, dort oben eine Kapelle zu errichten. Vor Wut darüber, dass des Teufels Heimstatt so geschändet wurde, stürzte sich der Höllenfürst auf den Kirchenstifter, um ihn am Weiterbau zu hindern. Bonifatius rief jedoch in seiner Not den Erzengel Michael um Hilfe an. Dieser eilte sogleich herbei und schlug mit seinem Flammenschwert auf den Angreifer ein. Der Teufel aber gab sich nicht so leicht geschlagen und wehrte sich nach Kräften, bis der Engel schließlich doch den Sieg davontrug und Bonifatius den Bau vollenden konnte.

Aus Dankbarkeit benannte er die Kirche nach dem Engel, der ihm zu Hilfe geeilt war. Auch der Berg selbst wurde fortan Michaelsberg genannt.

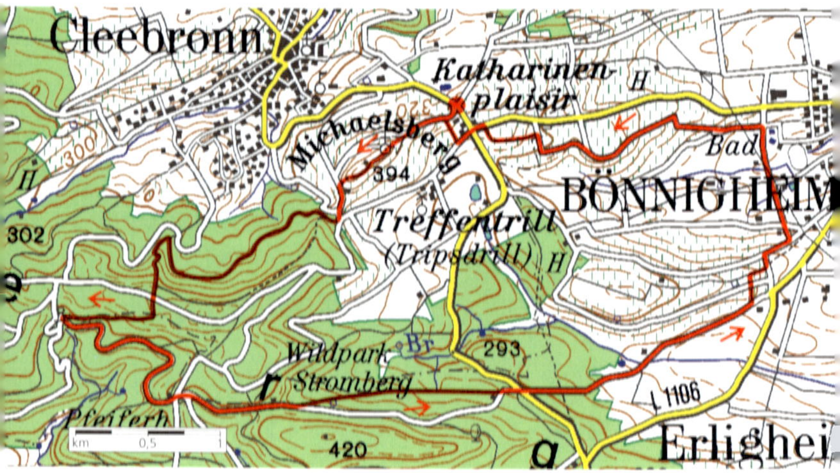

Der Erzengel aber hatte bei dem Kampf eine Feder aus seinen Schwingen verloren, die für lange Zeit in der Kirche aufbewahrt wurde.

Der 394 Meter hohe **Michaelsberg** wurde im Jahr 793 im Lorscher Kodex erstmals urkundlich erwähnt. Wie die meisten der den Heiligen Martin und Michael geweihten Bergkirchen war wohl auch diese Stelle ursprünglich eine uralte Kultstätte. Am Westrand des Berges finden sich Reste einer mittelalterlichen Burg. Die erste Kirche auf dem Michaelsberg geht wohl auf karolingische Zeit zurück.

Im Zuge der Wallfahrten entwickelten sich hier zwei Jahrmärkte. Als die Siedlung am Fuß des Berges im späten Mittelalter abging, trat an ihre Stelle der Ort Treffentrill. 1727 übernahm Graf Johann Philipp von Stadion als Minister von Kurmainz den Michaelsberg als Lehen. Er ließ die seinerzeit bereits heruntergekommene romanische Kapelle wieder renovieren und vertraute sie Kapuzinern aus Neckarsulm an.

In der spätromanischen **Michaelskirche** (13. Jahrhundert) sieht man an den Säulenkapitellen Darstellungen von Tieren und Fabelwesen. Im Ostteil finden wir einen gewölbten steinernen Lettner mit Durchgängen zum Chor. Außen an der Südwand ist eine steinerne Maria (wahrscheinlich 14./15. Jahrhundert), an der Ostseite ein romanischer Christuskopf (11. Jahrhundert) zu sehen, interessant sind auch der spätgotische Sankt Michael (um 1450) und das Altarbild (1739) des Augsburger Jerg Müller.

Der Erzengel Michael kämpft mit dem Teufel. Ölgemälde von Guido Reni, um 1636

Nach der Besichtigung der Kirche gehen wir an ihr vorbei und an der Wendeplatte auf einem Pfad hinab zu einem Asphaltweg, dem wir nach rechts folgen. Am Ende des Bergsporns geht es auf Stufen steil hinab, dann nach links zum *Wanderparkplatz* am Waldrand.

Hier halten wir uns, vorerst mit dem roten Strich, rechts. Wir ge-

Der Gedenkstein westlich von Tripsdrill erinnert an den letzten Wolf, der in Württemberg erlegt worden ist.

hen auf dem sich schlängelnden Waldweg bis zu einer scharfen Rechtskurve, hier zweigen wir links auf den mit dem blauen Strich markierten Pfad ab. Später geht es mit dem roten Strich bis zu einem querenden, breiten Forstweg, in den wir rechts einbiegen. Wir sind nun auf dem Östlichen Rennweg, auf ihm wandern wir, bis der mit dem roten Strich markierte Eselsweg links abgeht. Gleich darauf an einer Rechtskurve zweigen wir links auf einen Pfad ab und stehen gleich darauf vor dem *Wolfstein*.

Der **Wolfstein** ist ein Gedenkstein für den letzten Wolf, der in Württemberg am 10. März 1847 erlegt wurde. Er soll zuletzt innerhalb eines Jahres fünfzig Schafe gerissen haben, so dass die »scharfe Order« erging, das »Untier« zu erlegen. Man wurde seiner habhaft, als Schnee fiel und man seine Spuren verfolgen konnte. Das Ende des Tieres wurde für die Bevölkerung zu einem Festtag. Es wurde ausgestopft und befindet sich seither im Staatlichen Naturkundemuseum in Stuttgart.

Nun folgen wir dem blauen Kreuz links in Richtung »Pfeiferhütte«, danach halten wir uns an die Bezeichnung zur »Klosterruine Frauenberg«. Jetzt geht es mit dem blauen Kreuz immer geradeaus weiter; an der Verzweigung nach der *Gaulshütte* halten wir uns an den linken, abwärts führenden Weg.

Nach einiger Zeit überqueren wir die Landstraße und wandern immer noch geradeaus weiter. Nach dem Wald durchqueren wir Baumwiesen, müssen aber aufpassen, denn schließlich knickt der Blaukreuzweg in den Weinbergen links ab. Wir steigen hoch, bis es nach den Stromleitungen nicht mehr weitergeht. Hier biegen wir nach rechts ab und kommen zur *Klosterruine Frauenberg*. Wir biegen links ab, am Querweg, wo wir nicht mehr geradeaus weiterkommen, halten wir uns rechts, vor den Überlandleitungen links.

Nun geht es bergab, dann wieder bergauf und am *Freibad* vorbei. Gleich nach ihm biegen wir mit dem roten Kreuz links ab. Von nun an fehlen die Markierungen. An der nächsten Verzweigung nehmen wir den rechten, etwas bergauf führenden Weg. An der zweiten Verzweigung halten wir uns rechts, gleich danach links. Jetzt wandern wir auf einem Höhenrücken, vorbei an einem *Rastplatz* mit einem Gedenkstein und eingemauerten alten Grenz- und Schmucksteinen. Wo es nicht mehr geradeaus weitergeht, biegen wir nach rechts ab. Kurz vor der Straße halten wir uns links und spazieren zurück zum *Katharinenplaisir*. Wir gehen links an dem Anwesen vorbei, danach rechts hinauf und nach dem oben stehenden Haus nach rechts zum *Parkplatz*.

- **Länge:**
  Etwa 11 Kilometer.

- **Zeit:**
  Etwa 3 ½ Stunden.

- **Höhenunterschied:**
  Etwa 350 Meter.

- **Empfohlene Karte:**
  Freizeitkarte 517 Heilbronn, Landesvermessungsamt Baden-Württemberg.

- **Grillmöglichkeit:**
  Pfeiferhütte.

- **Sonstiges:**
  Freizeitpark und Wildgehege am Ausgangspunkt.

Zu Gast beim Klopferle

Großsachsenheim – Ruine Altsachsenheim – Untermberg – Sersheim – Großsachsenheim

Diese Wanderung führt uns an den Südrand des Naturparks Stromberg-Heuchelberg. Wir schauen uns das Schloss in Großsachsenheim mit der sagenhaften Figur des Klopferles an, dann geht es zur Ruine Altsachsenheim. Danach wandern wir hoch über dem Enztal weiter nach Sersheim und zurück zum Ausgangspunkt.

- **Ausgangspunkt:**
  Großsachsenheim.

- **Wegverlauf:**
  Wir beginnen bei der *Kirche* von *Großsachsenheim,* von wo aus wir nach Süden spazieren. An der Ampel wenden wir uns nach rechts in die Bissinger Straße; das *Schloss* mit der Klopferle-Figur, heute Rathaus, finden wir, wenn wir an der Ampel einen Abstecher nach links in den Park machen. An der Brücke zum *Schloss* sitzt das »Klopferle«. Diese Sagengestalt ist ein spätgotisches Steinmännlein mit Blattmasken-

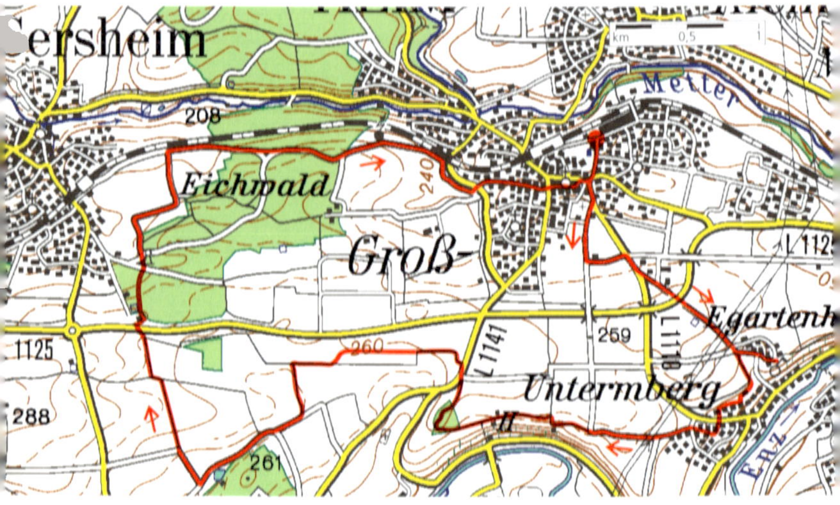

gesicht. Schräg darüber befindet sich ein kniender Ritter unter einer Konsole – diese trägt eine große Maus. Auf der Ostseite streckt ein Narr seine Zunge heraus. Über dem Rundbogeneingang sieht man eine Wappentafel mit Inschrift, dem alten und neuen Sachsenheimer Wappen und dem Datum des Wiederaufbaus (1544).

Die Figur des Klopferle ist am Schloss in Großsachsenheim zu sehen.

Das Klopferle

Im Schloss zu Großsachsenheim lebte einst ein Hausgeist, der »Klopferle« genannt wurde, da er überall im Haus herumklopfte. Der Geist konnte nichts an dem Platz lassen, wo es gerade stand, nein, ständig verrückte er alles. Waren einmal die Kuchen für die Kirchweih an ihrem Platz recht schön aufgeschichtet, so warf er sie durcheinander. Und wenn Gläser und Tassen wohl geordnet auf dem Tisch standen, so schob er sie an den Rand oder an die Ecken des Tisches. Auch zur Nachtzeit trieb er sein Unwesen. Dann suchte er oft den Stall auf, band das Vieh los und stellte es um.

An Festtagen konnte man ihn zuweilen mit eigenen Augen sehen. Er ging dann unter den Menschen herum, kam in die Stuben und setzte sich zu ihnen an die Tische. Das Klopferle tat aber niemandem etwas zu Leide, es sei denn, man schickte ihn, etwas zu tun. Sagte beispielsweise jemand zu ihm »Klopferle, hole mir Wasser«, so geriet er augenblicklich in Wut. Meinte jedoch jemand nur so vor sich hin, jetzt wäre dieses oder jenes zu tun, man sollte Kartoffeln waschen und schälen, Holz holen oder Vieh füttern, dann erledigte das Klopferle die Arbeit postwendend. So hat er im Jahr 1847 das ganze Obst in den Keller getragen – und das soll nicht wenig gewesen sein!

Besonders gefiel es dem Klopferle bei einem alten Paar, das einst im Schloss lebte. Zum Dank dafür, dass er den beiden Alten bei der Arbeit aushalf, belohnten diese den Hausgeist an jedem Festtag mit Braten und

Gebäck. Nachdem die beiden aber gestorben waren und ein geiziger Vetter das Schloss erbte, war es vorbei mit dem schönen Geisterleben. Der Vetter wollte den Geist nämlich zwingen, ihm den Schatz auszuliefern, den er bei ihm vermutete. Als das Klopferle nicht darauf einging, ließ der neue Schlossherr den Pfarrer kommen, um den Geist aus dem Schloss zu bannen. Da wurde der Klopferle so böse, dass er aus den Fässern im Keller Flammen schlagen ließ. So brannte das ganze Schloss nieder und alle kamen darin zu Tode. Über dem Feuer aber schwebte der Klopferle; im Mund hielt er einen Zweig mit einem Blatt und drei Eicheln.

Es wird vermutet, dass hier im **Schloss Sachsenheim** der Stammsitz des bis ins 10. Jahrhundert zurückreichenden Geschlechts der Sachsenheimer ist. Das Schloss ist ein in einem Wassergraben gelegener zwölfeckiger Renaissancebau mit quadratischem Innenhof und Fachwerkaufsatz. Die Anlage wurde 1542 durch Brand zerstört und 1544 durch Reinhard von Sachsenheim im Renaissancestil wieder aufgebaut. Als 1561 die Herren von Sachsenheim ausstarben, kam die Anlage an Württemberg.

Ein bedeutender Sachsenheimer war Hermann von Sachsenheim (Hermann der Dichter, 1364–1458), der mit neunzig Jahren mit dem Dichten begonnen haben soll. In der großen Treppenhalle befindet sich sein Bildnis, die Kopie des »Betenden Ritters«, dessen Original sich in der Stiftskirche in Stuttgart befindet. Ein weiterer bedeutender Sachsenheimer war der Landhofmeister Hermann von Sachsenheim (1430–1508), der Graf Eberhard von Württemberg nach Palästina begleitet hat.

Nach dem Schloss spazieren wir in der Bissinger Straße aus dem Ort hinaus. Am Ortsende sollten wir das prächtige schmiedeeiserne Tor am Friedhof beachten, hier gehen wir geradeaus auf dem Feldweg weiter. Am nächsten Weg halten wir uns links zur Landstraße, gehen an den Höfen dahinter links vorbei und biegen nach ihnen rechts ab. Am Feldweg nach den Häusern orientieren wir uns links und wandern auf *Egartenhof* zu.

Hier führt unser Weg gleich am Ortsschild mit den Zeichen rotes Kreuz und Weinwanderweg nach rechts, zuerst gehen wir aber in den Weiler hinein zur *Ruine Altsachsenheim.*

Um 1430 gelangte die im 13. Jahrhundert erbaute **Burg Altsachsenheim** an die mit den von Sachsenheimern verwandten Herren von Nippenburg. Seit dem 17. Jahrhundert ist sie Ruine. Die einst dreistockige Anlage ist mit einer Kantenlänge von rund dreißig Meter fast quadratisch. Erhalten sind auch Reste der Umfassungsmauer (13. Jahrhundert). Sie war früher vielleicht bis zu drei Meter dick, ist an den Ecken mit großen Buckelquadersteinen verstärkt. Außen sieht man ein kleines Tor und an der Ostseite Reste des Grabens.

Nach der Besichtigung kehren wir wieder zum Ortsschild zurück, biegen links ab und kommen gemächlich bergab gehend zum Ortsrand von *Untermberg*. Wir spazieren nach rechts weiter, dann nach links zwischen den Häusern hinab zu einer Anliegerstraße und auf ihr nach rechts zur Landstraße. Auf ihrer anderen Seite steigen wir auf einer Treppe hinauf und biegen an der nächsten Straße (Im Krautgarten) rechts ab. Bald geht es wieder auf einer Treppe aufwärts, nach der Querstraße wandern wir im Ruländerweg weiter. Hier sehen wir gleich rechts das *Mäusetürmchen*.

Am Ortsrand nach den Überlandleitungen behalten wir unsere Richtung bei und wandern mit unseren Zeichen immer weiter. Ab und zu haben wir einen prächtigen Blick nach links ins Enztal, zu den

Das Schloss in Sachsenheim dient heute als Rathaus.

gegenüberliegenden Höhen. Wir ignorieren, dass ein Wanderweg nach links abwärts führt, kurz danach kommen wir aber in ein Waldstück, wo wir uns rechts halten. Nach ihm kommen wir zur Straße, gehen auf ihr kurz nach Norden, dann nach links zum *Hundedressurplatz*.

Wir wandern rechts an ihm entlang (auch wenn die Wanderzeichen nach links weisen). Nach ihm geht es noch ein Stück geradeaus bis vor ein als Naturdenkmal ausgewiesenes *Gehölz*. Hier halten wir uns links, dann rechts. Nach einiger Zeit knickt der bessere Weg links ab. Am nächsten Gebüsch biegen wir rechts ab zum Waldrand. Hier sehen wir rechts einen alten *Wegweiser,* der die Entfernung in Stunden angibt (»Sersheim zu 1/2 St«). Bald kommen wir an einem *See* vorbei, danach biegen wir in den rechts abgehenden Weg ein.

Nach einem Links-rechts-Knick kommen wir zu einer Straße. Wir gehen ein paar Meter nach rechts, dann hinter den Wall und nach links. Am Waldende biegen wir rechts ab, spazieren am Waldrand entlang und geradeaus in den Wald hinein. Nach wenigen Minuten erreichen wir einen Querweg. Wir gehen geradeaus durch den *Spielplatz* hindurch, vorbei am *Kriegerdenkmal* und am *Grillplatz* zu einem nach Norden führenden Weg. Auf ihm bleiben wir, den rechts in den Wald führenden Weg ignorierend.

Kurz nach dem Wald biegen wir rechts ab, bald darauf links. Rechts sehen wir ein *Feldkreuz,* eine Seltenheit in der Gegend. Danach treffen wir vor der *Bahnlinie* auf einen querenden Weg, in den wir rechts einbiegen. Wir kommen in den Wald, wo wir immer der Raute des Schwarzwaldvereins folgen. Nach dem Wald geht es zwischen Wiesen und Feldern bis vor *Großsachsenheim.* An der Straße biegen wir rechts ab, nach dem Baubetriebshof links. Der Seepfad bringt uns in den Ort hinein. Nach der querenden Oberriexinger Straße spazieren wir in der Oberen Straße geradeaus weiter zur Kirche.

- **Länge:**
  Etwa 13 Kilometer.

- **Zeit:**
  Etwa 3 ½ Stunden.

- **Höhenunterschied:**
  Etwa 160 Meter.

- **Empfohlene Karte:**
  Freizeitkarte 520 Stuttgart, Landesvermessungsamt Baden-Württemberg.

- **Einkehrmöglichkeit:**
  Sachsenheim.

- **Grillmöglichkeit:**
  Bei Sersheim.

- **Sonstiges:**
  Die Wanderung verläuft auf Feld- und Forstwegen.

Vorsicht Bartträger!

Neckarwestheim – Schloss Liebenstein – Neckarwestheim

Diese Wanderung führt uns rund um Neckarwestheim zum Schloss Liebenstein. Die Anlage sollte man auf jeden Fall besichtigen. Von hier schrieb Eduard Mörike im September 1840 an seinen Freund Wilhelm Hartlaub: »Das hochgelegene Schlößchen Liebenstein fiel mir jetzt erst recht auf und reizte mich, seine mannigfaltigen Teile näher in Augenschein zu nehmen.«

- **Ausgangspunkt:**
  Neckarwestheim.

- **Wegverlauf:**

Wir parken am Ortsende in Richtung Kernkraftwerk bei der *Reblandhalle* beziehungsweise den dahinter liegenden *Sportplätzen* an der Liebensteinstraße. Von dort aus gehen wir zur Landstraße zurück und auf der anderen Seite in den Auweg. Wir folgen ihm bis zu einer *Kreuzung,* hier gehen wir nach rechts hinunter zur nächsten *Kreuzung,* dahinter nehmen wir den nach links hinaufziehenden Weg. Er bringt uns zu einem anderen Weg bei einem *Häuschen*. Hier behalten wir unsere Richtung bei. Mit schönem Blick über die Wein-

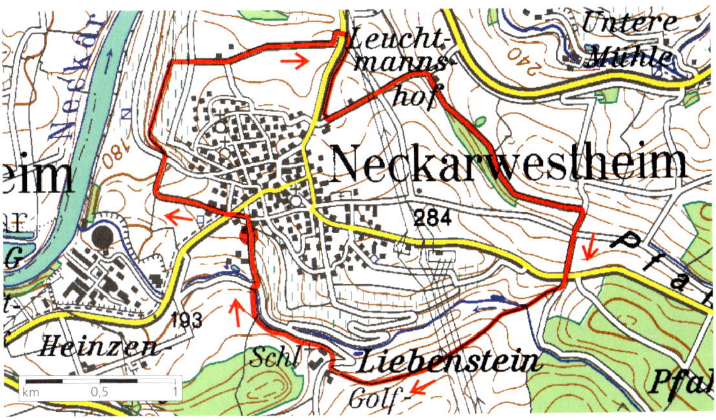

Die 1590 bis 1599 erbaute Kapelle von Schloss Liebenstein zählt zu den schönsten Renaissancebauwerken des Landes.

berge zum Neckar und nach Lauffen gehen wir, bis nach rechts ein Weg abgeht.

Ihm folgen wir, vorbei an einem *Hof,* bis zur Landstraße. Auf der gegenüberliegenden Straßenseite spazieren wir nach rechts zum Ortsanfang von Neckarwestheim, hier biegen wir nach links in den Oberen Schozachweg ein. Auf ihm wandern wir durch Felder bis in ein Tälchen. Wo es vor den Häusern wieder etwas ansteigt, biegen wir mit dem Zeichen blauer Strich nach rechts ab. Etwas später halten wir uns an der Verzweigung an den linken, etwas ansteigenden Weg, der erst durch ein Wäldchen, dann entlang der Felder führt.

Wo es nicht mehr geradeaus weitergeht, biegen wir nach rechts ab und kommen zur Landstraße. Auf ihrer anderen Seite gehen wir geradeaus etwas hinab, biegen aber gleich nach dem *Parkplatz* nach rechts ab. Vor dem Gebüsch mit dem dahinter liegenden Golfplatz halten wir uns links und spazieren bis zum *Schloss Liebenstein*.

Graf Bartscherer

Auf Schloss Liebenstein hat einst ein grausamer Graf gelebt, der seine Gefangenen zu Tode quälte, indem er ihnen mit einer Zange die Bärte ausriss. Als der Wüterich selbst gestorben war, hieß es im ganzen Land, es spuke im Schloss, weshalb niemand mehr darin wohnen wollte. Wer sich dennoch aus Neugierde in das Gemäuer hineinwagte, verschwand darin und wurde nie mehr gesehen.

Eines Tages wurde eine Gruppe Soldaten im Schloss einquartiert, weil im Dorf kein Platz mehr war. Sie vergnügten sich bis tief in die Nacht hinein mit Kartenspielen und Trinkgelagen. Zu später Stunde trat plötzlich ein Mann mit schwarzem Bart und langem Mantel ein, der wundersamerweise den Wunsch äußerte, die Soldaten rasieren zu dürfen. Nach langem Zögern ließ es der Beherzteste unter ihnen mit sich geschehen. Erst danach taten die anderen es ihm gleich. Und als sie alle so bartlos dastanden, lachten und scherzten die Soldaten, weil ihnen ihr Aussehen gar lustig vorkam.

Dann fragten die Soldaten den geisterhaften Mann: »Können wir dich nicht von deinem Fluch erlösen?« Der aber antwortete: »Ich bin der Graf, dem dieses Schloss gehörte. Mich kann nur ein Mann erlösen, der als Kind in einer Wiege geschaukelt wurde, die aus dem Holz des Nussbaumes drunten an der Gartenmauer gemacht wurde.« Daraufhin erscholl ein fürchterliches Geheul und der Alte war verschwunden. Die Bärte der Soldaten aber waren am nächsten Morgen alle wieder gewachsen.

Der Ritter Reinhard von Liebenstein und sein Sohn Albert errichteten zwischen 1120 und 1150 den unteren Schlossbau und den Bergfried. Um 1200 folgte der westliche Hauptbau von **Schloss Liebenstein** als romanisches

Blick über die Felder und Weinberge zum Neckar

Wohngebäude. Von 1525 bis ins Jahr 1600 erhielt der obere Teil des Schlosses sein heutiges Aussehen. Die Erweiterung mit Fruchtkasten, Zehntscheuer, Schmiede, Backhaus und Schlossküche verlieh dem Anwesen einen repräsentativen Charakter im Renaissance-Stil. Zu den sehenswertesten Teilen der gesamten Anlage gehört die reich geschmückte Schlosskapelle. Sie wurde von 1590 bis 1599 durch den Heilbronner Baumeister Jacob Müller errichtet. Im 17. Jahrhundert kaufte Herzog Eberhard III. von Württemberg die Anlage. Heute beherbergt das Schloss ein Hotel mit Restaurant.

Wir biegen nach rechts ab, nehmen aber gleich nach dem Parkplatz den nach links abzweigenden »Fußweg nach Neckarwestheim«. Wir treffen kurz danach auf die Straße, können aber neben ihr her zurück zum *Ausgangspunkt* wandern.

- **Länge:**
  Etwa 9 Kilometer.

- **Zeit:**
  Etwa 2 ½ Stunden.

- **Höhenunterschied:**
  Etwa 260 Meter.

- **Empfohlene Karte:**
  Freizeitkarte 517 Heilbronn, Landesvermessungsamt Baden-Württemberg.

- **Einkehrmöglichkeit:**
  Neckarwestheim, Schloss Liebenstein.

- **Sonstiges:**
  Wir wandern auf festen Wegen.

Lodernde Flammen, junge Witwen

Löwenstein – Ruine Löwenstein – Lichtenstern – Löwenstein

Wir wandern bei dieser Tour erst eine Weile durch den Wald, am Schluss durch Weinberge. Immer wieder haben wir eine schöne Aussicht ins Unterland und zum Breitenauer See. Die sagenumwobene Burgruine in Löwenstein können wir zu Beginn oder am Ende der Wanderung besichtigen.

- **Ausgangspunkt:**
  Löwenstein.

- **Wegverlauf:**
  Einen *Parkplatz* finden wir am Ortsanfang von *Löwenstein* aus Richtung Weinsberg (Schild »I«). Auf der anderen Straßenseite sehen wir das Haus, in dem der bekannte Autor und Tierfreund Manfred Kyber von 1923 bis zu seinem Tod am 10. März 1933 gewohnt hat.

Der Name **Löwenstein** (385 m) kommt vom keltischen »Luib«, was »Bergecke« bedeutete. 1945, in den letzten Tagen des Zweiten Weltkrieges, wurden drei Viertel des Ortes zerstört. Erhalten sind noch geringe Reste der Stadtmauer aus dem 14. Jahrhundert (Außenwände der Häuser an der Freihausgasse und am Kelterplatz). Das Freihaus ist ein Fachwerkhaus auf einem Steinsockel, heute Manfred-

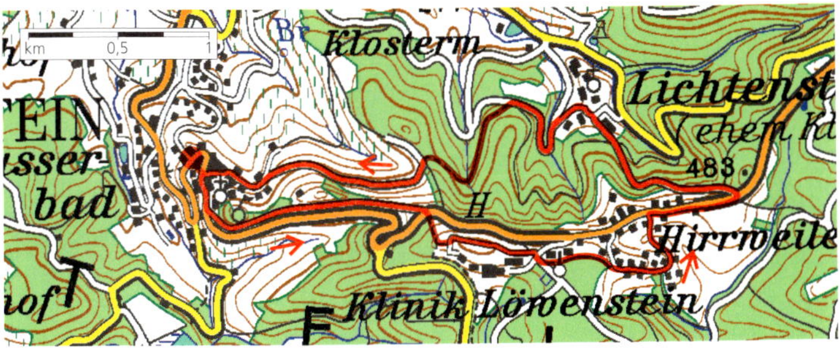

Kyber-Museum. Sein Portal trägt die Jahreszahl 1619. Im Gasthaus Schatten (datiert 1639 und 1744) starb 1829 die durch Justinus Kerner bekannt gewordene »Seherin von Prevorst«.

Wir gehen bis zu dem Fachwerkhaus – es ist das *Freihaus* – am Unteren Tor, das durch zwei Säulen links und rechts der Straße markiert ist. Vor ihm steigen wir nach links die Treppe hinunter und halten uns dann gleich rechts. Nun spazieren wir entlang der Gärten und den auf der ehemaligen Stadtmauer aufsitzenden Häusern, bis wir wieder auf eine Straße treffen; hier gehen wir geradeaus den Berg hinauf in Richtung »Burg«. Nach den *Häusern 7* und *10* werden wir nach rechts verwiesen. Vor der evangelischen *Kirche* steigen wir nach links auf einer Treppe hinauf zur *Burgruine*. Unterwegs kommen wir an einigen Lehrpfadschildern vorbei.

Das weiße Burgfräulein von Löwenstein

Man schrieb den 15. Jänner 1512, als der neunzehnjährige Graf Wolfgang von Löwenstein sich mit der Tochter des Grafen Kraft von Hohenlohe, der jungen Gräfin Elisabeth, vermählte. Als in der Nacht die Festlichkeiten noch in vollem Gange waren, ertönte plötzlich der Ruf: »Feurio!« Alle Festteilnehmer schraken auf und eilten ins Freie. Der junge Graf nahm seine Frau rasch auf den Arm und trug sie hinaus.

Von Löwenstein aus bietet sich ein herrlicher Blick über die Weinberge ins Unterland und zum Breitenauer See.

Dann beteiligte er sich mit größtem Eifer an den Löscharbeiten. Überall schienen seine Arme gleichzeitig die Feuersbrunst zu bekämpfen. Doch letztendlich vergebens. Die Flammen ließen bald den Turm einstürzen, und die Trümmer begruben den Grafen unter sich. Seine unglückliche Braut sah ihren jungen Gatten erst in der Totenkammer wieder!

Später, als die Gräfin schon lange gestorben war, ging oft eine weiße Frau im Schloss um und ebenso am Grabmal des so früh Verstorbenen an der Mauer des Lusthauses. Eines Tages erschien die Frau einem Mann, der auf der Burg Ruten für Fassreifen schnitt. Ihn habe sie, heißt es, auf die Burg bestellt, wo sie ihn für ihre Erlösung reich beschenkte.

Die **Burg Löwenstein** wurde vermutlich im späten 11. Jahrhundert als Besitz der Grafen von Calw erbaut, 1133 bereits wieder zerstört und im ausgehenden 12. Jahrhundert erneut errichtet und ausgebaut. 1281 erwarb König Rudolf von Habsburg Burg und Stadt vom Bischof von Würzburg. Er übergab sie seinem Sohn Albrecht von Schenkenberg. Dieser begründete die Habsburger Linie der Grafen von Löwenstein, verkaufte aber bereits 1441 die ganze Grafschaft an den Pfalzgrafen Ludwig. 1504 in den Auseinandersetzungen zwischen den Kurpfälzern und den Württembergern eroberten diese unter Herzog Ulrich die Burg und Löwenstein kam unter württembergische Hoheit. 1512 ist die Burg durch einen Brand bei einer Hochzeitsfeier zerstört worden.

Nach einer Besichtigung nehmen wir unterhalb der Mauer an dem Eingangsbauwerk mit den beiden Kragsteinen den Weg, der mit dem roten Strich markiert ist und oberhalb der Straße weiterführt. Es geht zuerst hinab in den Burggraben, dann wieder hinauf zu einer Freifläche; hier haben wir eine prächtige Sicht auf das Städtchen, den Breitenauer See und das Unterland. Wir folgen dem Weg weiter, er fällt schließlich und bringt uns zu einer Kreuzung, hier spazieren wir auf dem linken Asphaltweg mit schöner Sicht nach links weiter bis zu einem *Parkplatz* an der Straße.

Auf der anderen Straßenseite gehen wir mit dem roten Strich auf dem ansteigenden Weg kurz hinauf und biegen bei den Häusern mit dem blauen Strich nach links ab. Nun wandern wir immer geradeaus durch das Wohngebiet, vorbei an der *Klinik Löwenstein* und bis zu einem *Parkplatz* mit vielen Garagen. Wir gehen links des Parkplatzes auf den Turm im Wald zu, zweigen aber gleich nach links in Richtung »Steinknickle« ab.

Nun wandern wir zwischen Häusern und Waldrand bis zu einer Querstraße bei *Haus 14.* Wir halten uns links, gleich darauf aber an *Haus 20* rechts und wandern, bis der mit dem roten Strich markierte Wanderweg nach *Haus 36* nach

Die Ruine der ehemaligen Burg Löwenstein

rechts abgeht. Aber hier spazieren wir noch geradeaus weiter und kommen schließlich zur Bundesstraße. Wir halten uns kurz rechts, bis auf der linken Straßenseite ein Weg abgeht. Er bringt uns zu dem mit dem blauen Kreuz markierten Wanderweg.

Wir wandern auf ihm nach links hinab zum ehemaligen *Kloster Lichtenstern*.

Das 1242 gegründete und 1554 in der Reformation aufgelöste **Zisterzienserinnenkloster Lichtenstern** ist heute eine evangelische Stiftung. In der Anlage gibt es einige alte Fachwerkhäuser, die ehemalige Kirche und gleich nach der Mauer einen kleinen Friedhof mit einem mächtigen Mammutbaum.

Die Wanderung führt uns entlang der *Klostermauer* (Große Wiese 1–6). Wir biegen nach *Haus 2/1* links ab und wandern mit dem blauen Kreuz in den Wald, wo der Weg gleich eine scharfe Rechtskurve beschreibt. Kurz danach geht es links hinauf. Nach dem Wald biegen wir an den Weinbergen links ab und spazieren zurück nach *Löwenstein*. Hier kann man nun durch den Ort zurück zum Ausgangspunkt gehen.

- **Länge:**
  Etwa 7 Kilometer.
- **Zeit:**
  Etwa 2 ½ Stunden.
- **Höhenunterschied:**
  Etwa 400 Meter.
- **Empfohlene Karte:**
  Freizeitkarte 518 Schwäbisch Hall, Landesvermessungsamt Baden-Württemberg.
- **Einkehrmöglichkeit:**
  Löwenstein.
- **Grillmöglichkeit:**
  Burgruine.
- **Sonstiges:**
  Wir wandern auf Pfaden, Forst- und asphaltierten Wegen.

Absender (bitte gut lesbar schreiben):

Name

Straße

PLZ Ort

Beruf Alter

Für Silberburg-Bücher interessiert sich auch:

Bitte als
Postkarte
frankieren

Antwort

Silberburg-Verlag GmbH

Schönbuchstraße 48
D-72074 Tübingen

Mit Bärenkräften zur Burg Lichtenberg

Burg Lichtenberg – Großbottwar – Oberstenfeld – Burg Lichtenberg

Eine Burg auf dem Weg ist für Kinder immer verlockend. Aber auch für Erwachsene ist diese Tour reizvoll. Zum einen natürlich wegen der Burg Lichtenberg selbst, einer beeindruckenden Festung, dann aber auch, weil unterwegs schöne Wälder und Weinberge durchstreift werden. Und zum Schluss besteht noch die Möglichkeit auf einen Abstecher nach Oberstenfeld.

- **Ausgangspunkt:**
  Oberstenfeld, Burg Lichtenberg.

- **Wegverlauf:**
  Man könnte zwar auch in Oberstenfeld starten, aber nahe der Burg sind die Parkmöglichkeiten besser. So fahren wir von Oberstenfeld hinauf zur *Burg Lichtenberg*. Wo wir auf der Höhe den Wald mit dem Auto verlassen, werden wir nach »Lichtenberg« nach rechts verwiesen. Am besten parken wir gleich beim ersten *Parkplatz,* etwas näher an der Burg kommt aber noch ein zweiter. Man kann jetzt gleich oder nach der Tour die Burg aufsuchen, besichtigt werden kann sie aber nur im Rahmen von Führungen.

Dann gehen wir zurück zum Sträßchen und dort nach rechts durch die Hecke zu dem asphaltierten Weg, der am Rande der Weinberge verläuft. Hier halten wir uns mit dem roten Kreuz links und gehen an den Weinbergen entlang.

Detail am Wegesrand: ein alter Türklopfer

Nach ihnen spazieren wir über die Wiese auf den Waldrand zu, dort links an der *Hütte des Hundedressurplatzes* vorbei und danach rechts in den Wald.

Kurz danach verlassen wir den Wald wieder, nun halten wir uns rechts. Gleich darauf am Waldanfang zweigt unser Wanderweg links ab und bringt uns wieder in den Wald. Nach einiger Zeit kommen wir an einem stillen *Waldweiher* vorbei, schließlich verlaufen über unserem Weg Überlandleitungen, danach stoßen wir auf einen querenden Weg, dem wir nach rechts folgen. Nach einem kleinen Anstieg verlassen wir den Wald und halten uns gleich rechts. Ab jetzt haben wir eine prächtige Aussicht über die Weinberge. Nach einem Rechtsknick des Weges kommen wir in den Wald, hier zweigen wir mit dem Zeichen des Weinwanderweges links ab. Es geht im Zickzack, am Schluss auf Stufen, hinab zu einem Asphaltweg und zum rechts liegenden *Harzberghäuschen*. Dieses kleine Fachwerkhäuschen mit seinem Spitzdach wurde 1979 wieder aufgebaut, sein Vorgängergebäude diente als Schutzhütte für die Weinbergschützen.

Wir biegen nach dem Häuschen links ab, dann rechts. Kurz darauf knickt unser Weg links ab,

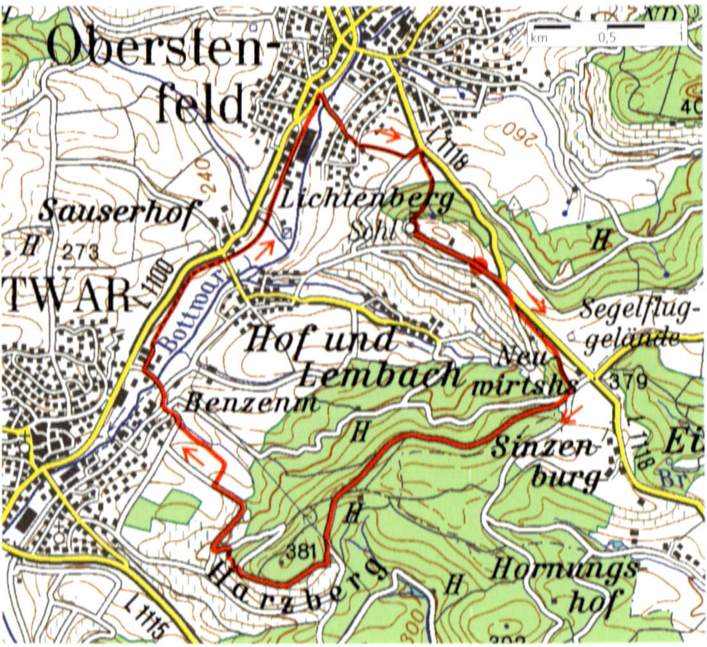

etwa 300 Meter später werden wir nach rechts verwiesen. Vor der Böschung führt der Weg links weiter. Bei den ersten Häusern gehen wir weiter auf Großbottwar zu, überqueren die *Bottwar* und biegen danach im Gewerbegebiet rechts in die Hoftalstraße ein. Ihr folgen wir, bald parallel zur Straße und mit einem schönen Blick nach rechts zur Burg Lichtenberg, bis *Oberstenfeld*.

Wo wir links das alte Bahnhofsgebäude sehen, müssen wir uns entscheiden. Unser Weg führt zwar rechts in der Dürrenstraße weiter, wer jedoch ins *Zentrum* von Oberstenfeld will, vielleicht um einzukehren, überquert hier die Straße und geht gleich darauf rechts auf den großen Kirchturm zu. Anschließend kehrt man wieder hierher zurück.

Wir wandern auf der Dürrenstraße leicht bergan, nach dem *Spielplatz* geht es auf einer Treppe hinauf, nach der nächsten Querstraße etwas nach rechts versetzt noch einmal. Wir kommen hinaus in Streuobstwiesen und spazieren bis zu einem querenden Asphaltweg. Hier biegen wir links ab. Kurz vor der Landstraße werden wir mit den Zeichen blaues Kreuz und Weinwanderweg nach rechts verwiesen. Nun geht es durch eine als Naturdenkmal ausgewiesene historische Birnbaumallee.

Nach ihr steigen wir im Wald hinauf bis zur *Burg*, gehen an ihr links vorbei und kommen durch den Burggraben zu der Brücke, die zum Eingang führt. Nach links kommen wir zurück zum *Ausgangspunkt*.

Der starke Beilsteiner

Im Bottwartal lebte einst das Geschlecht derer von Lichtenberg. Sie waren ob ihrer enormen Körperkräfte im ganzen Land berühmt. Und auch unter ihren Dienstmannen hatten sie manchen überaus starken Mann. Von einem, dem Herrn von Beilstein, erzählte man sich einen lustigen Streich:

Es war nämlich in der Lichtenberger Burg der Brauch, dass derjenige, der etwas zu essen wollte, dem Koch einen Scheit Holz in die Küche zu tragen hatte. Und zwar galt dies für Knechte wie für Herren.

Nun verlangte aber eines Tages der Beilsteiner einen Teller Suppe vom Koch, jedoch ohne ihm das Scheit Holz dafür zu bringen. Als sich der Koch daraufhin weigerte, ihm etwas zu essen zu geben, ging der Beilsteiner zornig des Weges. Im Hof angekommen, sah er jedoch, wie gerade ein mit Holz voll beladener Esel hereingetrieben wurde. Rasch packte er sich das Tier mitsamt seiner Last auf den Rücken und trug es in die Küche, wo er dem Koch die ganze Bescherung vor die Füße warf.

Als einige Dienstleute sich darüber bei ihrem Herrn beklagten und verlangten, man solle dem Beilsteiner solchen Unfug nicht ungestraft gestatten, da lachte der Lichtenberger Graf und sagte: »Wenn's einer von euch

Beeindruckende Festung: Burg Lichtenberg

ihm nachmacht, dann soll der Beilsteiner bestraft werden.« Seitdem hat man nie mehr etwas Schlechtes über den Beilsteiner reden hören.

Die 1197 erstmals erwähnte **Burg Lichtenberg** wurde im 14. Jahrhundert Stammsitz der hochadeligen Herren von Lichtenberg. Sie schufen sich im 13. Jahrhundert ein kleines Territorium mit der Stadt Großbottwar als Mittelpunkt. Einige gelangten in hohe Stellungen: Sigibotho war Geheimschreiber König Albrechts und später Bischof von Speyer (1302–1314), Hermann hatte ab 1314 das Amt des Kanzlers des Königs Ludwig des Bayern inne und war 1333 bis 1335 Fürstbischof in Würzburg und Herzog von Franken. Sein Bruder Albrecht war kaiserlicher Heerführer und zeitweilig Landvogt im Elsass. Bereits 1357 mussten die Lichtenberger die Burg und die Herrschaft an Graf Eberhard den Greiner von Württemberg verkaufen.

Die Burg ist in Privatbesitz und bewohnt, eine Besichtung ist aber zeitweise möglich. Auskunft beim Freiherr von Weilersches Weingut, Telefon (0 70 62) 40 17.

- **Länge:**
  Etwa 9 Kilometer.
- **Zeit:**
  Etwa 3 Stunden.
- **Höhenunterschied:**
  Etwa 160 Meter.
- **Empfohlene Karte:**
  Freizeitkarte 518 Schwäbisch Hall, Landesvermessungsamt Baden-Württemberg.
- **Einkehrmöglichkeit:**
  Oberstenfeld.
- **Sonstiges:**
  Die Tour verläuft auf Forstwegen und asphaltierten Wegen.

Walterich und der Stoffel von der Hotzenklinge

Murrhardt – Felsenmeer – Käsbach – Vorderwestermurr – Murrursprung – Fautspach – Hörschhof – Hörschbachwasserfälle – Murrhardt

Diese Wanderung zeigt uns einige der Natursehenswürdigkeiten des Naturparks Schwäbisch-Fränkischer Wald. Zuerst wandern wir zum Felsenmeer. Dann geht es weiter zum Murrursprung und durch Wiesenlandschaften und dichte Wälder zu den Hörschbachwasserfällen. Ausklingen lassen können wir den Tag mit einem Bummel durch die Gassen von Murrhardt.

- **Ausgangspunkt:**
  Murrhardt.

- **Wegverlauf:**
  Wir gehen vom *Bahnhof* aus erst nach Osten und biegen dann nach rechts ab ins Zentrum. Die Hauptstraße bringt uns zum *Marktplatz,* hier spazieren wir mit dem Zeichen blaues Kreuz links am Rathaus vorbei zur Fornsbacher Straße. Geradeaus gehend verlassen wir auf der Riesbergstraße in Richtung »Vorderwestermurr« den Ort. Nach den letzten Häusern zweigen wir in Richtung »Römersee« nach rechts ab und steigen steil hinauf zur Straße. Hier gehen wir links et-

Der untere Hörschbachwasserfall erinnert an einen fallenden Schleier.

was bergab, dann halten wir uns rechts zu einem *Waldparkplatz*. Im Wald kommen wir an einem Brunnen vorbei, kurz nach ihm und einer Linkskurve weist uns das blaue Kreuz nach rechts auf einen Pfad.

Es geht hoch zu einem *Grillplatz* mit Tisch und Bänken, kurz danach folgt der kleine *Römersee*. Nach ihm zweigen wir vom breiten Forstweg rechts ab und steigen hoch zum *Felsenmeer*. Hier findet man riesige bemooste Felsbrocken, die von dem dahinter liegenden Hang stammen.

Die Riesen vom Murrhardter Wald

Einst standen hier zwei großen Burgen, die von zwei Riesen bewohnt wurden. Die Riesen lebten friedlich miteinander, da jeder die Grenze zwischen den

Die Walterichskirche in Murrhardt thront auf einem Hügel im Stadtpark.

beiden Besitztümern respektierte und nicht überschritt. Eines Tages aber gerieten die beiden in Streit und bewarfen sich mit großen Steinbrocken. Der Riese, der auf dem Rießberg lebte, wurde sogleich durch den ersten Stein erschlagen. Weil der andere, der auf dem Steinberg hauste, dies aber nicht bemerkte, warf er noch viele weitere Felsen über das Tal. Und durch diesen Steinhagel entstand das Felsenmeer.

Wir steigen durch dieses urige Waldstück ein Stück auf, auf der Höhe orientieren wir uns rechts und wandern am Steilabfall entlang. Nach einiger Zeit kommen wir an der *Hotzenklinge* vorbei.

Der Stoffel aus der Hotzenklinge

In der Hotzenklinge hat in alten Zeiten ein Waldgeist gehaust, der Stoffel genannt wurde. Er war wie Rübezahl ein Riese mit schrecklich leuchtenden Augen und tauchte hier und dort vor allem in den »zwölf Nächten«, zur Fastenzeit und zur Sommersonnenwende auf. Dann stellte er sich den Wanderern schnaubend in den Weg, wobei er die Menschen durch sein lautes, schreckliches Gelächter in Angst und Schrecken versetzte, und tat so, als wolle er sich ihnen auf die Schulter setzen. Wollten die Wanderer dem Riesen entkommen, fanden sie ihr Heil allein in der Flucht.

Kurz darauf müssen wir an einem querenden Weg links abzweigen. Nach dem zweiten querenden Weg fällt es zum Waldrand, hier zieht unser Weg nach links. Bald knickt er rechts ab und bringt uns nach *Käsbach*. Wir halten uns im Ort rechts, an der vorfahrtsberechtigten Durchgangsstraße noch einmal und wandern nun auf der Landstraße durch weite Wiesen bis *Vorderwestermurr*.

Hier biegen wir links ab in Richtung »Hinterwestermurr«. Nach dem links liegenden *Haus Nr. 45* zweigen wir mit dem blauen Punkt rechts ab und gehen rechts an *Haus Nr. 43* vorbei. Etwas später erreichen wir die *Murrquelle*.

Wir biegen rechts ab und wandern durch Streuobstwiesen bis zu einem Querweg, der von der rechts oben liegenden Kirche kommt, hier biegen wir links ab und gehen hinab in ein Wäldchen. Nach dem Bach steigen wir geradeaus am Waldrand entlang hoch, kommen durch ein Waldstück und wandern danach auf festem Weg und oberhalb von Fautspach durch die Wiesen nach rechts. Nach einem Linksknick erreichen wir die Straße, hier biegen wir rechts ab. An der nächsten Querstraße behalten wir unsere Richtung bei und spazieren durch Wiesen nach *Hörschhof*. Wir gehen in die Ansiedlung hinein und biegen nach dem *Backhaus* mit dem Zeichen roter Strich rechts ab. Es geht steil hinab zum *Gasthaus Wasserfall* und vor ihm links.

Nach einiger Zeit weist uns das Zeichen nach rechts in den Wald

und wir steigen steil hinunter zum Bach. Der Weg bringt uns nach rechts an den oberen Rand des *Hinteren Hörschbachwasserfalls.* Nun müssen wir uns entscheiden. Wer abenteuerlustig, trittsicher und gut zu Fuß ist, steigt mit dem blauen Punkt am Wasserfall entlang hinab und folgt dem Pfad am Bach entlang bis zum *Vorderen Wasserfall*.

Die beiden **Hörschbachwasserfälle** sind wohl die schönsten im Naturpark Schwäbisch-Fränkischer Wald. Beim Vorderen Wasserfall stürzt der Hörschbach in einem Stück rund fünf Meter über eine harte Steinmergelbank, der nur bis zu sechzig Zentimeter dicken Engelhofer Platte. Die Hinteren Wasserfälle entstanden, weil der harte Kieselsandstein der Erosion mehr Widerstand entgegensetzte als die darunter liegenden weichen Schichten des Keupermergels. Der große Wasserfall stürzt in mehreren Kaskaden hinab. Oberhalb des Wasserfalls befindet sich ein kleines Rückhaltebecken mit einer Stellfalle. Hier steht an einem Baum die Aufforderung zu lesen: »Wanderer, mach die Falle auf,/lass dem Wasser seinen Lauf./Hast du den Fall beschaut in Ruh,/Mach die Falle wieder zu.«

Der bequemere Weg biegt am Wasserbecken mit dem roten Strich nach links in Richtung »Parkplatz Vorderer Wasserfall«. Bei einem Felsaufschluss stoßen wir auf einen anderen Forstweg, dem wir in Gehrichtung folgen. Kurz vor einer Schranke können wir steil hinab zum Bach und an ihm entlang nach links zum *Vorderen Wasserfall* wandern. Wir überqueren oberhalb von ihm den Bach auf einer Brücke und marschieren mit dem blauen Punkt in Richtung »Murrhardt«.

Kurz darauf treffen wir auf einen Forstweg, der uns nach links zur Straße bringt. Wir gehen auf ihr kurz bergab, dann zweigen wir beim ersten Haus rechts, dann gleich wieder links ab. Nun marschieren wir eine Zeit lang entlang des Ortsrandes, bis wir auf dem Großgartenweg nach links steil hinab zur Fritz-Ehrmann-Straße gehen. Wir folgen ihr nach rechts zu der modernen Kirche, hier gehen wir in der Kaiser-Ludwig-Straße zur Festhalle und durchqueren nach ihr das Schulgelände. Rechts oben liegt die *Walterichskirche,* wir halten uns im Park links zur *Stadtkirche* und kommen zurück ins *Murrhardter Zentrum.*

Die Gründung des Klosters Murrhardt

Es wird erzählt, dass der von seinen Söhnen vertriebene Kaiser Ludwig der Fromme auf seiner Flucht auch durch das Murrtal kam und hier in der Zelle des Einsiedlers Walterich auf einem Hügel Unterschlupf fand. Walterich, ein frommer Mann, beherbergte den Kaiser für lange Zeit, bis dessen Söhne sich schließlich untereinander befehdeten und Ludwig wieder zurück auf den Thron konnte. Bei seinem Abschied schenkte der Kaiser Walterich das Land um die Einsiedelei. Der heilige Mann gründete daraufhin ein Kloster und wurde sein erster Abt.

Später, als das Kloster schon lange bestand, saß Walterich gerne auf einem Stein, um dort Kranke zu heilen, die seine Hilfe suchten. Um die Leidenden zu heilen, hieß er sie, an dem Stein niederzuknien und zu beten, so dass alle auf diese Weise gesund wurden. Den Mönchen des Klosters aber war diese Art der Wundertätigkeit nicht geheuer, und sie neideten Walterichs Fähigkeiten bald so sehr, dass sie den Stein wegschaffen ließen. Allein, am nächsten Morgen lag dieser wieder an seinem ursprünglichen Platz, woraufhin die Mönche den Stein zerschlagen und die Bruchstücke in eine Wand des Klosters einmauern ließen. Doch auch die Bruchstücke verloren ihre wundertätige Wirkung nicht, weshalb aus ihnen schließlich der Opferstock geschaffen wurde.

Wenig später legte der heilige Walterich den Grundstein zu einer Kapelle

Ludwig I., genannt »Der Fromme«, dargestellt als Soldat Christi in einem Figurengedicht des Mainzer Erzbischofs Rabanus Maurus, um 831

an der Klosterkirche. Der Stein, den er hierfür verwendete, war aber am nächsten Morgen an anderer Stelle, so dass der Heilige ihn zurücklegen musste. Dies wiederholte sich noch einige Male, so dass Walterich schließlich wütend sprach: »Willst Du nicht in Gottes Namen hier bleiben, so bleib in Teufels Namen!« Da zersprang der Stein und die Kapelle konnte gebaut werden. An der Stelle auf einem Hügel, wo der Stein zuvor immer wieder aufgetaucht war, wurde wenig später die Walterichskirche errichtet, die lange Zeit ein viel besuchtes Wallfahrtsziel war.

In **Murrhardt** ist im 9. Jahrhundert auf königlichem Grund ein Benediktinerkloster errichtet worden. 1552 wurde die 1509 in ein weltliches Chorherrenstift umgewandelte Gemeinschaft evangelisch, 1808 dann aufgehoben. Sehenswert sind das Benediktinerkloster, die Klosterkirche, heute evangelische Stadtkirche mit der berühmten Walterichskapelle (um 1230), ein spätromanisches Meisterwerk, die Klostergebäude (Refektorium, Klosterhof, Hexenturm, Zehntscheuer), die Prälatur und die Walterichskirche (1489) mit schöner Einrichtung, die etwas erhöht auf einem Hügel steht.

- **Länge:**
  Etwa 14 Kilometer.

- **Zeit:**
  Etwa 4 ½ Stunden.

- **Höhenunterschied:**
  Etwa 370 Meter.

- **Empfohlene Karte:**
  Freizeitkarte 518 Schwäbisch Hall, Landesvermessungsamt Baden-Württemberg.

- **Einkehrmöglichkeit:**
  Murrhardt, Gasthaus Wasserfall.

- **Sonstiges:**
  Wir gehen auf Pfaden und festen Wegen und Sträßchen. Vor allem entlang des Hörschbachs ist festes Schuhwerk empfohlen, dieses Wegstück sollte bei Eis und Schnee umgangen werden.

Beim Menschenfresser von Liebenzell

Bad Liebenzell – Burg Liebenzell– Unterlengenhardt – Oberlengenhardt – Lengenbachtal – Bad Liebenzell

Gleich zu Beginn unserer Wanderung steigen wir hoch zur Burg Liebenzell, die auch Schauplatz einer Sage ist. Danach geht es im Wald weiter. Der Rückweg verläuft entlang eines munter sprudelnden Schwarzwaldbaches. Wer will, kann gleich bei der Burg starten, dadurch wird nicht nur die Wanderung verkürzt, sondern es werden auch Höhenmeter eingespart.

- **Ausgangspunkt:**
  Bad Liebenzell.

- **Wegverlauf:**
  Einen Parkplatz finden wir auf der Ostseite der Nagold. Dann überqueren wir den Fluss und halten uns an der Bundesstraße rechts. Kurz darauf biegen wir links ab in die Hugo-Mäulen-Straße in Richtung »Oberstadt«. Am *Stadtsee,* der vermutlich von Hirsauer Mönchen zur

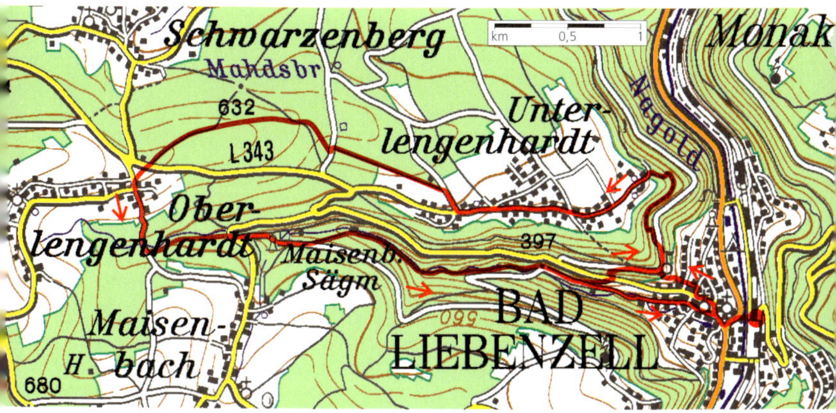

Fischzucht angelegt wurde, halten wir uns rechts, am Wanderschild *Liebenzell Ochsen* (334 m) links. Nun geht es vorbei an verschiedenen Fachwerkhäusern wie dem Pfarrhaus und dem Alten Rathaus in Richtung Ortsende. Nach dem ehemaligen *Oberamtsgebäude* biegen wir rechts ab in die Burgstraße, gleich darauf weist uns das Zeichen blaue Raute nach links. Wir verlassen den Ort und steigen, bald die Schenkelmauer der Burg durchquerend, steil hinauf zur *Burg*.

Der Riese Erkinger

Einst lebte im Nagoldtal ein gewaltiger Riese namens Erkinger. Bei Liebenzell ließ er sich einen starken Turm errichten. Um das Gemäuer besonders bruchfest zu bauen, mussten die Maurer zum Anrühren des Mörtels statt Wasser den besten Wein und die Milch der Bauern aus dem Umland verwenden.

In der so errichteten Burg hauste der Riese, ein berüchtigter Räuber und Menschenfresser, zusammen mit zwei Spießgesellen. Einer seiner liebsten Streiche war, den Bauern bei Hochzeiten die Bräute zu stehlen, um sie mit Haut und Haaren aufzufressen. Die Knochen warf er sodann über das Lengenbachtal hinweg, wo sich im Laufe der Jahre ein Berg bildete, der dann Beinberg genannt wurde.

Einmal soll ein mutiger Bursche gewettet haben, er könne dem Riesen seinen Löffel stehlen. Und tatsächlich schlich sich der Keck eines Tages in die Burg, als Erkinger zur Jagd war, und nahm den Löffel an sich. Bevor er sich jedoch wieder davonmachen konnte, hörte er den Riesen zurückkommen. So versteckte er sich schnell in einem großen Ofen, von wo er sehen konnte, wie der Riese eine Jungfrau, die er eben gefangen genommen hatte, genüsslich verschlang.

Als der Riese aber mit seiner Mahlzeit fertig war, begann er am Ofen herumzuschnüffeln, bis ihm plötzlich aus der Kehle fuhr: »Ich rieche Menschenfleisch!« Noch gesättigt von der Jungfrau, verlor er jedoch bald die Lust an einem weiteren Mahl und ließ vom Ofen ab. Dem Burschen aber, obgleich ihm der Schreck gehörig in die Glieder gefahren war, gelang mit knapper Not die Flucht.

So kam es, dass die Menschen, des bösen Treibens auf der Burg müde geworden, sich eines Tages gegen den Riesen auflehnten. Weil sie aber gegen dessen gewaltige Kräfte nichts auszurichten vermochten, riefen sie den Markgrafen von Baden zu Hilfe. Der ließ die Burg daraufhin wochenlang belagern. Und da der Riese weder verhungern noch sich ergeben wollte, stürzte er sich schließlich von den Zinnen seines Turmes in die Tiefe.

Die von den Grafen von Calw erbaute **Burg Liebenzell** kam um 1196 an die Grafen von Eberstein. Die sich nach der Burg nennenden Herren von Liebenzell tauchen erstmals in einer Maulbronner Urkunde von 1250 auf. Einer von ihnen,

Die Burg Liebenzell wurde 1954 wieder aufgebaut.

Ludwig von Liebenzell, war wohl ein sehr gläubiger Mensch, denn er machte nicht nur verschiedene fromme Stiftungen, sondern gab die Burg 1272 an den Deutschen Ritterorden. Bereits 1273 kaufte dann Markgraf Rudolf I. von Baden die Burg. Burg und Ort gingen 1603 von den badischen Markgrafen an Württemberg über.

Die polygonale Anlage ist eine der eindrucksvollsten Schildmauerburgen des Landes. In die zinnenbekrönte Schildmauer ist auf der Nordseite der Turm integriert, die Mauer ist etwa zwanzig Meter hoch, 28,5 Meter lang und fast drei Meter dick. Der Bergfried überragt die mächtige Mauer um weitere zwanzig Meter. Um die Kernburg verlief seit dem 15. Jahrhundert ein zweiter Mauerring, dessen Gräben mit der ehemaligen Stadtbefestigung verbunden waren. Die 1692 von den Franzosen zerstörte Burg wurde 1953/54 unter Beteiligung von Jugendlichen aus aller Welt als internationale Begegnungsstätte (Forum Burg Liebenzell) als »kleines Modell für ein neues Europa« wieder aufgebaut. Öffnungszeiten Bergfried: April bis Oktober.

Hinter ihr, am Parkplatz mit dem Schild »*Burg Liebenzell 440 m*«, biegen wir mit der blauen Raute rechts ab. Im Wald zweigen wir kurz darauf links auf einen Pfad ab. Nun steigt es an. Kurz vor dem Waldende kommen wir zu einem schwarzwaldtypischen *Felsenmeer,* danach erreichen wir die ersten Häuser. Wir spazieren nun entlang der Straße durch *Unterlengenhardt*. Dabei kommen wir an dem Haus vorbei, in dem von 1947 bis 1968 die angebliche Tochter Zar Nikolaus II., Anastasia, wohnte – auch dies wäre vielleicht eine Sage moderner Art geworden, wenn nicht eine Genanalyse die 1984 in den USA gestorbene Frau nach ihrem Tod als Hochstaplerin enttarnt hätte.

Wo links der Amselweg abgeht (Schild *Amselweg,* 581 m), biegen wir mit der blauen Raute rechts ab, vor dem Wald am Schild *Reutehütte* (591 m) links in Richtung »Schwarzenberg«. Wir treffen nach einiger Zeit auf ein Sträßchen (Schild *K 4316*, 630 m), unser Wanderweg geht etwas nach links versetzt als Pfad weiter. Wir treffen auf einen querenden Forstweg, dem wir nach

Solche alten Kreuzsteine erinnern an Verbrechen; sie mussten vom Schuldigen zur Sühne errichtet werden.

links folgen, gleich danach halten wir uns rechts.

Wo kurz darauf der markierte Wanderweg rechts abzweigt, gehen wir ohne Zeichen geradeaus weiter und treffen nach einiger Zeit auf die Landstraße. Hinter ihr geht es geradeaus zur Hauptstraße von *Oberlengenhardt*. Wir halten uns links und gehen dort, wo gleich danach die Hauptstraße nach rechts zieht, geradeaus weiter in Richtung »Maisenhardter Sägmühle«. Vor dem Wald nehmen wir an der Verzweigung das links hinabziehende Sträßchen. Nach dem Bach im Taleinschnitt am Schild *Winterhalde* (620 m) biegen wir mit der gelben Raute links ab ins *Lengenbachtal*.

Wir kommen an der *Kläranlage* vorbei, danach zweigen wir links ab in Richtung »Maisenhardter Sägmühle«. Es geht hinab zu diesem Anwesen, an dem wir rechts vorbeiwandern. Immer entlang des munter sprudelnden Baches spazieren wir bis zum Schild *Lengenbachtal Eichwäldesweg* (380 m). Hier müssen wir uns entscheiden. Wer den kürzesten Weg nehmen will, wandert geradeaus weiter in Richtung »Stadtsee«. Wer bei der Burg geparkt hat oder auf dem Rückweg noch einmal dort vorbei will, zweigt links ab. Der Weg zieht hoch zur Landstraße, auf ihrer anderen Seite führt der mit der gelben Raute markierte Pfad erst nach links, dann nach rechts zur *Burg*. Von hier aus steigen wir auf bekanntem Weg hinab ins Tal.

Der Name **Bad Liebenzell** wurde 1091 erstmals urkundlich erwähnt. Der Name bezieht sich möglicherweise auf die heilige Lioba und eine klösterliche Zelle, ein von Hirsau aus gegründetes und von den Grafen von Calw gestiftetes kleines Kloster. Das Heilwasser wurde bereits 1526 von dem hier wirkenden Begründer der ganzheitlichen Medizin, Theophrastus von Hohenheim, genannt Paracelsus, gerühmt.

Länge:
Etwa 12 Kilometer, ab der Burg etwa 10 Kilometer.

Zeit:
Etwa 3 Stunden.

Höhenunterschied:
Ganze Wanderung mit Rückweg über die Burg etwa 420 Meter. Wenn man beim Rückweg auf die Burg verzichtet, etwa 350 Meter. Wer gleich an der Burg startet, spart sich einen Aufstieg von etwa 150 Metern.

Empfohlene Karte:
Freizeitkarte 502 Pforzheim, Landesvermessungsamt Baden-Württemberg.

Einkehrmöglichkeit:
Bad Liebenzell, Burg.

Sonstiges:
Wir wandern meist auf festen Wegen.

Achtung, Erdmännle kreuzen!

Hirsau – Bruderhöhle – Ernstmühler Platte – Landeskrankenhaus – Hirsau

Ob man die Klosterruine in Hirsau zuerst oder nach der Tour besichtigt, bleibt jedem selbst überlassen. Anschauen sollte man sie sich auf jeden Fall. Dann steigen wir auf zur Bruderhöhle, die ebenfalls Schauplatz alter Geschichten ist. Die Tour ist recht kurz und somit kindgerecht, zudem bietet sie mit der Höhle, der Klosterruine und dem Wildgehege einiges, was Kindern Spaß macht.

- **Ausgangspunkt:**
  Calw-Hirsau.

- **Wegverlauf:**
  Wir parken bei der *Klosterruine* an der *B 296* am oberen Ende des großen Parkplatzes. Hier können wir nach der Tour nach links zum Wildgehege gehen, womit man auch Kinder zu der Wanderung locken kann. Ansonsten biegen wir etwas oberhalb des Parkplatzes mit dem Zeichen blaue Raute rechts in die Brudersteige ein. Nun steigt es steil an, wir verlassen bald den Ort und kommen zum Wegschild *Coventrain* (380 m), hier biegen wir mit dem Zeichen gelbe Raute links ab. Immer ansteigend kommen wir zu einem links liegenden großen Felsen, danach werden wir nach rechts zur »Bruderhöhle« verwiesen. Auf einem Pfad wandern wir, vorbei an weiteren mächtigen Felsen, bis zu der kleinen *Höhle*. Danach steigen wir links hoch zum Forstweg. Man kann auch hier, wo wir eine Stützwand aus Beton sehen, zu der Höhle hinabsteigen.

Blick auf die Reste des 1692 zerstörten Klosters in Hirsau

Die Erdmännle von der Bruderhöhle

Nahe bei der Bruderhöhle war einst die Wohnstatt einiger Erdmännle. Sie halfen nach Kräften den Bauern des nahe gelegenen Lützenhardter Hofes bei der täglichen Arbeit. Sie tränkten die Pferde und brachten manchmal sogar Kuchen mit. Doch gesehen hat sie nie jemand. Nur einem Mädchen erschien hin und wieder ein Zwerg. Das Mädchen fragte den Zwerg immer wieder nach seinem Namen, den dieser partout nicht verraten wollte. Eines Tages hörte sie ihn aber beim Abschied leise singen: »Wann's no des schöne Mädle net weiß/dass i Bunzi-Kächele heiß.« Und so hatte er seinen Namen verraten, ohne es zu wissen.

Auch einem Arbeiter einer Meierei waren bei einem Felsen nahe der Bruderhöhle immer wieder kleine Leute erschienen. Manchmal nahm der Arbeiter seine Mahlzeit auf diesem Felsen zu sich. Und wenn frisches Brot gebacken wurde, hatte er auch Kuchen dabei, der aus Restmehl gemacht war. Dann kamen aus der Felsspalte ein kleiner Mann und eine Frau und sahen ihm beim Essen zu, bis er ihnen vom Kuchen abgab. Sie nickten dann, wie zum Dank, und verschwanden wieder.

Wir folgen dem Forstweg weiter, stoßen nach einem Linksknick auf einen anderen Weg und wandern mit der gelben Raute weiter in Richtung »Oberkollbach«. Schließlich stoßen wir auf eine Hütte, hier befinden wir uns auf der *Ernstmühler Platte*. Kurz danach zweigt an einer kleinen *Verkehrsinsel* links ein Weg ab, ihm folgen wir, vorerst ohne Zeichen. Bald wandern wir am links liegenden Landeskrankenhaus vorbei, danach stoßen wir auf den mit der gelben Raute markierten Wanderweg, der von links kommt. Wir behalten noch kurz unsere Richtung bei bis zur Zufahrtsstraße zum Krankenhaus, dort biegen wir rechts ab.

Nach wenigen Minuten am Schild *Lärchengarten* (570 m) orientieren wir uns links in Richtung »Hirsau«. Nun geht es steil abwärts, bis wir am Ortsanfang von *Hirsau* auf die Bundesstraße stoßen, etwas später sind wir zurück am *Ausgangspunkt*. Nun warten entweder die Klosterruine und/oder das Wildgehege auf uns.

Wie das Kloster Hirsau entstand

Mitte des 7. Jahrhunderts lebte in Calw die reiche Gräfin Helizena. Sie war Witwe und kinderlos, weshalb sie darüber nachsann, wie sie ihren Reichtum zum Wohlgefallen der Menschen verwenden könnte. Da träumte sie eines Nachts, wie eine Stimme zu ihr spricht: »Helizena, du wirst ein ebenes Feld mitten im Wald finden, auf dem drei Tannen aus einem Stamm wachsen. Dort sollst du eine Kirche bauen.«

Am nächsten Morgen machte sie sich gleich auf den Weg, den Platz zu suchen, und tatsächlich fand sie auch die drei Tannen aus einem Stamm

In der Bruderhöhle soll ein Einsiedler aus dem Kloster Hirsau gelebt haben.

auf einer Lichtung bei dem Flüsschen Nagold. Sie bat daraufhin ihre gräflichen Verwandten, ihr den Platz zum Kirchenbau zu überlassen, was diese auch gerne taten. Als die Kirche fertig war, hörte sie erneut die Stimme. Dieses Mal trug sie ihr auf, Leute zu suchen, die den Platz beleben sollten. Sie suchte und sie fand einige Männer, die gewillt waren, als Mönche bei der Aureliuskirche zu leben und sich ein Kloster zu bauen.

Das erste Aureliuskloster in Hirsau bestand von mindestens 830 bis etwa um 1000. 1065 zogen Mönche aus dem Kloster Einsiedeln in der heutigen Schweiz ins wieder errichtete sogenannte zweite Aureliuskloster. Unter Abt Wilhelm († 1091) wurde **Kloster Hirsau** schließlich das bedeutendste Kloster Süddeutschlands jener Zeit und Zentrum der vom burgundischen Kloster Cluny ausgehenden benediktinischen Reform. Der enorme Zulauf machte schließlich zwischen 1082 und 1091 die Gründung des Klosters Sankt Peter und Paul notwendig, des damals größten Klosters Deutschlands. Dessen romanische Basilika war bis zum Bau des Ulmer Münsters die größte Kirche in Württemberg. Heute noch sind beeindruckende Reste des 1692 zerstörten Klosters zu sehen. Besonders schön sind die katholische Pfarrkirche Sankt Aurelius, die ehemalige Marienkapelle, die romantischen Ruinen des Kreuzgangs, die Ruine des Schlosses und der Eulenturm.

Wilhelm von Hirsau, dargestellt in einem Schenkungsbuch des Klosters Reichenbach

- **Länge:**
  Etwa 7 Kilometer.
- **Zeit:**
  Etwa 2 ½ Stunden.
- **Höhenunterschied:**
  Etwa 240 Meter.
- **Empfohlene Karte:**
  Freizeitkarte 502 Pforzheim, Landesvermessungsamt Baden-Württemberg.
- **Einkehrmöglichkeit:**
  Hirsau.
- **Sonstiges:**
  Wir wandern auf Forstwegen und Pfaden.

Bei Geistern und Spinnerinnen

Kentheim – Stubenfels – Lützenhardt – Sommenhardt – Zavelstein – Zavelsteiner Brückle – Rötelbachschlucht – Kentheim

Diese kurze Wanderung wird vor allem Kindern gefallen, gibt es für sie doch viel Sehens- und Erlebenswertes unterwegs. Wir steigen hoch zu mächtigen Felsen, dann geht es weiter zu einer Burgruine und auf dem Rückweg wandern wir entlang eines herrlichen Schwarzwaldbaches mit zahlreichen kleinen Wasserfällen.

- **Ausgangspunkt:**

Bad Teinach-Zavelstein, Ortsteil Kentheim.

- **Wegverlauf:**

Wir parken bei dem kleinen, aber wuchtig wirkenden *Kentheimer Kirchlein*. Gegenüber am Wegweiser *Kentheim* (345 m) gehen wir mit der gelben Raute den Rötelbachweg hinauf. Beim Wegweiser *Untere Rötelbachschlucht* (370 m) biegen wir links ab in Richtung »Stubenfelsen«. Nun geht es im Zickzack, einen Forstweg überquerend, hinauf zu diesen mächtigen Felsungetümen. Wir umgehen sie nach links, müssen uns teilweise bücken und steigen hinauf bis zu einem querenden Forstweg. Bei den Felsen sollte man an den Steilstellen gut auf die Kinder aufpassen.

Am Wegweiser *Stubenfels* (490 m) gehen wir auf der anderen Seite des Forstweges mit dem Zeichen gelbblaue Raute in Richtung »Lützenhardt« weiter, noch einmal kurz durch eine wilde Felsszenerie. In *Lützenhardt* am Wegweiser *Lützenhardt* (555 m) biegen wir links ab in Richtung »Sommenhardt« und spazieren bis zu einer Querstraße, hier orientieren wir uns rechts. Wir kommen nach *Sommenhardt* und gehen, im Zentrum vorbei am Wegweiser *Sommenhardt* (565 m), geradeaus weiter bis zu einer *Verkehrsinsel* mit einem mächtigen Baum. Hier biegen wir mit dem Wegweiser »Zavelstein« links in die Schulstraße ab.

Nun wandern wir auf dem von der Straße abgeteilten Fußweg nach *Zavelstein* bis zum Schild

Zavelstein Schulstraße (580 m). Hier führt unser Weg später nach rechts im Spinnerin-Kreuz-Weg weiter. Zuerst halten wir uns aber links und gehen hinab ins *Zentrum* beziehungsweise nach der Durchgangsstraße zur *Burgruine*. Kurz nach dem Abzweig sehen wir rechts ein altes *Sühnekreuz*. Es wurde im 15. Jahrhundert für zwei feindliche Brüder errichtet, von denen einer den anderen umgebracht hatte.

Nach der Besichtigung des Dorfs und der Ruine spazieren wir wieder zurück und mit der rotschwarzen Raute des Ostweges auf dem Spinnerin-Kreuz-Weg aus dem Ort hinaus. Kurz nach den Häusern sehen wir rechts das *Spinnerin-Kreuz*, an dem zu lesen ist, dass hier 1447 eine Spinnerin im Schneesturm erfroren ist.

Die Spinnerin, die am Christtag spinnen wollte

In alten Zeiten war es Sitte, dass sich die Mädchen und Frauen des Dorfes am Abend in der Spinnstube trafen. Dann wurde im Warmen gearbeitet, gesungen und das eine oder andere Schwätzchen gehalten. Eine Spinnerin hatte daran so großen Gefallen gefunden, dass sie auch am Christabend in die Spinnstube gehen wollte. Die Leute versuchten zwar, sie davon abzuhalten, sie aber erwiderte: »Ich will in die Spinnstube, und wenn mich auch der Teufel holt.«

Dann machte sie sich mit ihrer Kunkel auf den Weg, heimlich gefolgt von ein paar Dörflern. Doch kaum hatte die Spinnerin die Spinnstube erreicht, hörten die Leute ein lautes Geschrei – und von da an war die Spinnerin verschwunden. Ihre Spin-

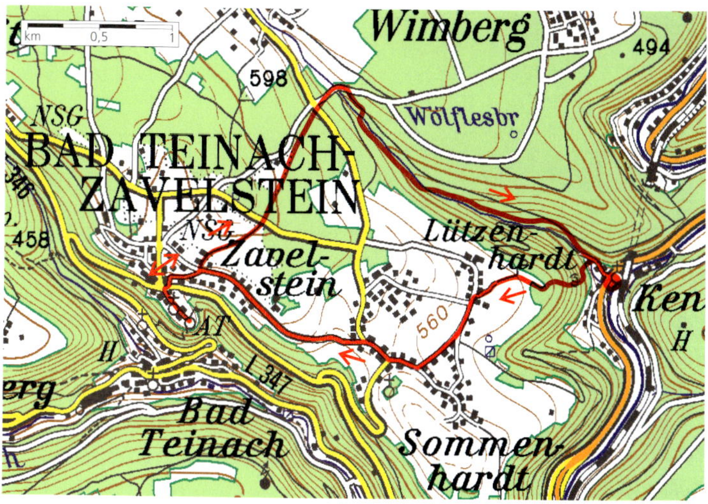

del aber hat man später eine Viertelwegstunde entfernt von dem Platz, wo der Teufel die Spinnerin geholt hat, wiedergefunden.

Wir wandern weiter durch die Krokuswiesen auf den Waldrand zu, dann rechts der schmalen Schneise weiter in Richtung »Zavelsteiner Brückle«. Es geht auf einem Pfad bergab, wir überqueren ein Sträßchen und stoßen kurz danach auf die Straße, der wir noch kurz bergab zur Brücke folgen.

Der Geist der Rötelbacher Brücke

In Zavelstein war einst ein Geist zu Hause. Der hatte den Bauersleuten so viel grobe Streiche gespielt, dass diese ihn lieber heute als morgen los werden wollten. Sie ließen deshalb eines Tages einen Mönch ins Dorf kommen, der sich in der Geisterbeschwörung verstand. Durch dessen Künste bezwungen, verwandelte sich der Geist erst in einen Hund, danach in eine Katze, dann in einen Schmetterling. Den Schmetterling aber konnte der Mönch

Das Spinnerin-Kreuz erinnert an eine am Christtag zu Tode gekommene Spinnerin.

in einer Schachtel einfangen, in der er ihn schließlich zur Brücke über den Rötelbach trug und dort unter der Bedingung frei ließ, dass dieser den Ort nicht mehr verlassen dürfe. Seitdem lebt der Geist unter der kleinen Brücke über den Rötelbach.

Am Wegweiser *Zavelsteiner Brückle* (540 m) biegen wir nach rechts ab, die gelbblaue Raute weist uns nun nach »Kentheim«. Wir müssen kurz danach nach rechts auf einen Pfad abzweigen. Nun wandern wir entlang des munter sprudelnden Rötelbachs abwärts, mal links, mal rechts von ihm. Nach einiger Zeit kommen wir hinauf zu einem Forstweg, dem wir kurz nach rechts folgen, dann zweigen wir nach rechts ab auf einen grasigen Weg, der uns in wenigen Minuten zurück nach *Kentheim* bringt.

Sehenswert ist in **Kentheim** die 1075 erbauten St.-Candidus-Kapelle. Da sie nie erneuert wurde, weist sie immer noch ihr altes Erscheinungsbild auf. Innen sind bemerkenswerte Fresken (1180–1340) zu bewundern; auf jeden Fall sollte man sich die alten Grabplatten außen an der Kirchenwand ansehen.

- **Länge:**
  Etwa 10 Kilometer.
- **Zeit:**
  Etwa 3 Stunden.
- **Höhenunterschied:**
  Etwa 320 Meter.
- **Empfohlene Karte:**
  Freizeitkarte 502 Pforzheim, Landesvermessungsamt Baden-Württemberg.
- **Einkehrmöglichkeit:**
  Zavelstein.
- **Sonstiges:**
  Wir wandern überwiegend auf Pfaden, kurze Strecken auch auf festen Wegen und Sträßchen.

Böse Buben, nette Mädchen

Neubulach – Ruine Waldeck – Seitzental – Neubulach

Die Ruine Waldeck soll die größte Ruine des Schwarzwalds sein. Sie liegt einsam im Wald und kann in eine schöne Wanderung eingebunden werden. Man wandert hierzu erst entlang der Nagold, später durch Wald und über aussichtsreiche Flächen. Zusätzliche Attraktionen dieser Tour sind das Bergwerk in Neubulach sowie Neubulach selbst. Weil man für die drei Besichtigungen Zeit braucht, ist die Tour nicht allzu lang.

■ **Ausgangspunkt:**
Neubulach/Besucherbergwerk.

■ **Wegverlauf:**
Wir parken südlich des Ortes beim *Besucherbergwerk*. Von hier aus gehen wir erst in Richtung Neubulach, wobei wir uns gleich oberhalb des Parkplatzes rechts halten. Die Straße zieht nach links und wir kommen nach *Neubulach* hinein. Vorbei am Park und einem kleinen Weiher wandern wir zur Durchgangsstraße (Altbulacher Straße). Wir halten uns links, dann gleich wieder rechts und schlendern, vorbei an der Kirche, zum *Marktplatz* mit dem *Rathaus* und der *Bergvogtei*.

Wir biegen bei Bergvogtei und Rathaus rechts ab, am Ortsende halten wir uns links in die Schillerstraße, an der nächsten Verzweigung bei *Haus Nr. 26* rechts. Wir verlassen den Ort, kommen nach dem Wasserbehälter zu einem *Weiher* und biegen nach ihm rechts ab nach *Altbulach*. Hier spazieren wir immer geradeaus bis zur *Kirche*, halten uns an der Verzweigung links und an der nächsten Verzweigung an *Haus 17* noch einmal links in die Brunnenstraße. Kurz nach dem Dorf stoßen wir auf eine weitere Landstraße, der wir in Gehrichtung folgen. Links sehen wir einen großen *Spiel- und Grillplatz*. Nach der scharfen Linkskurve werden wir zur »Ruine Waldeck« nach rechts verwiesen.

Nun geht es auf einem steinigen Pfad im Wald abwärts. An

Unterm »Geigerles Lotterbett« übernachtete einst ein armer Geiger.

einem querenden Forstweg behalten wir unsere Richtung bei und stoßen kurz danach auf den *Rast- und Grillplatz »Geigerles Lotterbett«*. Beim »Geigerles Lotterbett« handelt es sich um zwei wie ein Dach schräg gegeneinander gelehnte plattige Felsblöcke aus Mittlerem Buntsandstein, etwa zwei mal drei Meter groß. An dieser Stelle soll einmal eine hochmütige Waldeckerin einen fahrenden Geiger, der unter den beiden Felsbrocken übernachtet hatte, über den Haufen geritten haben.

Etwas nach rechts versetzt wandern wir auf dem schmalen Pfad rechts des Bergsporns und vorbei an bizarr verwitterten Felsformationen bis ans Ende des Schlossbergs, wo sich die *Ruine Waldeck* befindet.

Das Fräulein von Waldeck

Auf der Burg Waldeck hat einst ein Ritter gelebt, der nicht nur die Bauern schindete, sondern auch ein wildes Raubritterleben führte. Sein Leitspruch war: »Rauben und Stehlen ist keine Schand, es tun's die Edelsten im ganzen Land!« Und so überfiel er auch Kaufleute, die auf Reisen unterwegs waren, und warf sie in ein finsteres Verlies, damit sie von ihren Liebsten gegen ein hohes Lösegeld ausgelöst wurden. Seine Tochter Kriemhild jedoch war ganz anders geartet. Sie hatte ein warmes Herz und wollte den Menschen Gutes tun; sie pflegte die Kranken und brachte den Kindern Geschenke.

Als Rudolf von Habsburg König wurde, beendete dieser die schreckliche Zeit der Raubritter. Nur der Wal-

Johann Nepomuk Hoechle malte im frühen 19. Jahrhundert das Bild »Rudolf von Habsburg und der Priester«.

decker wollte nicht von seinem Treiben ablassen, und so eroberte der Kaiser eines Tages die Burg und brannte sie nieder. Dabei kamen nicht nur der Ritter und seine Knechte ums Leben, sondern auch seine Tochter Kriemhild.

Es heißt, dass sich die kaiserlichen Soldaten, nachdem sie die Burg in Brand gesetzt hatten, noch einmal umblickten. Da sahen sie, wie über dem Rauch der Ruine eine silberne Schlange mit einem goldenen Krönlein emporstieg. Seit diesen Tagen geht die Tochter des Waldeckers als Geist in der Ruine umher und wartet darauf, dass sie erlöst werde.

Die Bauern in den Dörfern aber glauben seitdem, sie sei die Burgschlange, von der erzählt wird. Danach spielte die Schlange einmal mit dem Kind des Talmüllers, das mitten auf dem Weg saß, als die Schlange zu ihm kroch. Das Kind streichelte das Tier, wobei es einige Schuppen von dessen Haut strich. Und weil die Schuppen so wunderbar glänzten und schillerten, nahm das Kind sie mit nach Hause. Die Mutter, erfreut, etwas so Schönes zu sehen, legte die Schuppen am Abend behutsam in ein Schächtelchen, damit das Kind am nächsten Morgen wieder mit ihnen spielen konnte. Doch welches Wunder! Als die Sonne aufging, lagen anstatt der Schuppen schwere Goldmünzen in der Schachtel!

Einmal wäre die Waldecker-Tochter beinahe von ihrem Fluch erlöst worden. Sie eilte nämlich eines Tages einem Schustergesellen zur Hilfe, der sich im Winter auf seinem

Weg von Kuppingen in seine Heimat Sommenhardt verlaufen hatte. Unterwegs hatte der Schustergeselle sein Felleisen verloren. Als die Jungfrau es ihm wieder brachte, schenkte sie ihm überdies zwei ihrer goldenen Haare und bat ihn, sie in der Nacht zu besuchen, um sie von ihrem Fluch zu befreien. Als der Schustergeselle die Waldecker-Tochter in der Nacht aufsuchte und die Kirchturmglocken von Altbulach eins schlugen, verwandelte sich die Jungfrau jedoch wieder in eine Schlange, worauf der Geselle so erschrak, dass er Hals über Kopf hinab zur Mühle rannte. Dort erzählte er den Müllersleuten von seinem Erlebnis und wollte ihnen die beiden Haare zeigen – die aber hatten sich schon in zwei Stangen Gold verwandelt.

Der Schustergeselle freute sich über seinen neu gewonnenen Reichtum und machte sich fröhlich auf den Heimweg. Die Jungfrau aber hat er sein Leben lang nicht mehr gesehen.

~

Die **Ruine Waldeck** wirkt wie verwachsen mit dem Felsen. Erbaut wurde die Anlage um 1120/40 von den edelfreien Herren von Waldeck. Das Geschlecht besaß insgesamt fünf Burgen in der Umgebung. Nachdem diese angeblich den von König Rudolf I. von Habsburg verkündeten Landfrieden missachtet hatten, zog 1279 Graf Albrecht von Hohenberg gegen sie. 1284 belagerte gar König Rudolf selbst zwei Monate die Burg, nahm sie ein und zerstörte sie. Sie kam dann an die Hohenberger und wurde von Rudolfs Schwager Graf Albrecht wieder aufgebaut. Die Vorburg erstreckte sich über den ganzen, langen und schmalen Bergrücken des Schlossbergs – einem Umlaufberg – bis hin zu »Geigerles Lotterbett«. Die Anlage war rund

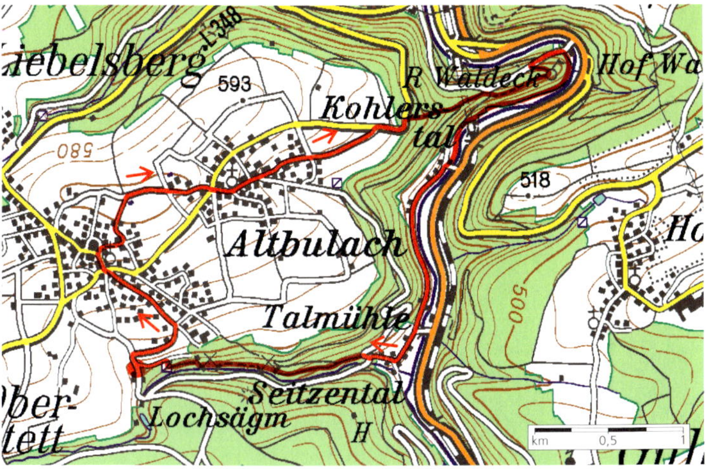

250 Meter lang und bestand aus vielen, durch vier Gräben voneinander getrennten kleinen, turmartigen Steinbauten auf hohen Felssockeln. Ab 1600 verfiel die Burg.

Wir gehen links der Ruine auf dem breiten Weg hinab, biegen nach rechts ab und halten uns an dem querenden Asphaltweg noch einmal rechts. Auf ihm wandern wir parallel zur Nagold bis *Kohlerstal*. Vor dieser Ansiedlung halten wir uns erst rechts, dann vor den Häusern links und spazieren weiter auf einem Sträßchen bis *Seitzental*. Wir gehen, bis der Weg zum Besucherbergwerk nach rechts abzweigt. Nun sind wir am *Ausgangspunkt*.

- **Länge:**
  Etwa 10 Kilometer.

- **Zeit:**
  Etwa 3 Stunden.

- **Höhenunterschied:**
  Etwa 300 Meter.

- **Empfohlene Karte:**
  Freizeitkarte 502 Pforzheim, Landesvermessungsamt Baden-Württemberg.

- **Einkehrmöglichkeit:**
  Neubulach.

- **Grillmöglichkeit:**
  Nach Altbulach, »Geigerles Lotterbett«, Ruine Waldeck.

- **Sonstiges:**
  Die Wanderung verläuft meist auf festen Forstwegen und Sträßchen.

Hinter der Ummauerung der Ruine Waldeck

Tiefe Wälder, verlorene Töchter

Urnagold – Poppelsee – Poppeltal – Gompelscheuer/Enzquelle – Kaltenbachsee – Oberes Neues Haus – Besenfeld – Urnagold – Nagoldquelle

Diese Wanderung führt uns zu den nur wenige Kilometer voneinander entfernt liegenden Quellen von Enz und Nagold. Wir wandern durch die weiten Waldgebiete zwischen Besenfeld und Gompelscheuer. Dabei kommen wir außer an den beiden Quellen an weiteren interessanten Punkten vorbei: dem alten Kirchlein in Urnagold, Süddeutschlands längster Sommerrodelbahn, dem Mühlenmuseum in Poppeltal und dem Kaltenbachsee.

- **Ausgangspunkt:**
  Seewald-Urnagold.

- **Wegverlauf:**
  Wo nördlich von *Urnagold* von der B 294 die Straße nach Eisenbach abgeht, finden wir einen Parkplatz. Hier kann man auch in wenigen Minuten hinab zur *Nagoldquelle* gehen.

Wie die Kirche in Urnagold entstand

Ein vornehmes Fräulein, manche sagen, es wäre eine Tochter des Grafen von Nagold gewesen, spazierte einst durch die Wiesen und Wälder der Umgebung des väterlichen Schlosses in Altensteig. Dabei kam sie, ohne es zu wollen, immer tiefer in den Wald. Aus dem Weg wurde ein Pfad, das Gehölz wurde dichter und der Wald dunkler. Schließlich verloren sich die letzten Spuren im Dickicht, und das Mädchen wurde gewahr, dass es sich verlaufen hatte.

Erschöpft, müde, hungrig und durstig sank es nieder und schwor, eine Kapelle zu stiften, wenn es je wieder zurückfände. Da hörte das Mädchen einen Hahn krähen und dachte, wo ein Hahn ist, sind auch Menschen. Es ging dem Krähen nach und gelangte zur Hütte eines Köhlers. Dieser brachte das Mädchen auf die väterliche Burg zurück. Dort schlossen die besorgten Eltern ihre Tochter in die Arme. Ihrem Vater erzählte sie von ihrem Gelöbnis, und der Graf ließ daraufhin an der Stelle, an welcher sie die Köhlerhütte gefunden hatte, eine Kirche errichten – die heute das Gotteshaus in Urnagold ist.

Danach überqueren wir die Bundesstraße und kommen zum Schild *Parkplatz Schäufflerweg* (814 m), hier folgen wir dem nach rechts abknickenden Weg in Richtung »Poppeltal/-see«. Bei den nun folgenden Verzweigungen halten wir uns immer an das Wanderzeichen blaue Raute, das zwar manchmal etwas versteckt angebracht, aber immer zu finden ist. Nach einiger Zeit kommen wir zum Schild *Rotwässerle* (800 m), dann geht es vollends hinab zum *Poppelsee*.

Weiter der blauen Raute folgend erreichen wir bald wieder *Poppeltal*. Hier lockt außer Süddeutschlands längster Rodelbahn und den Einkehrmöglichkeiten ein

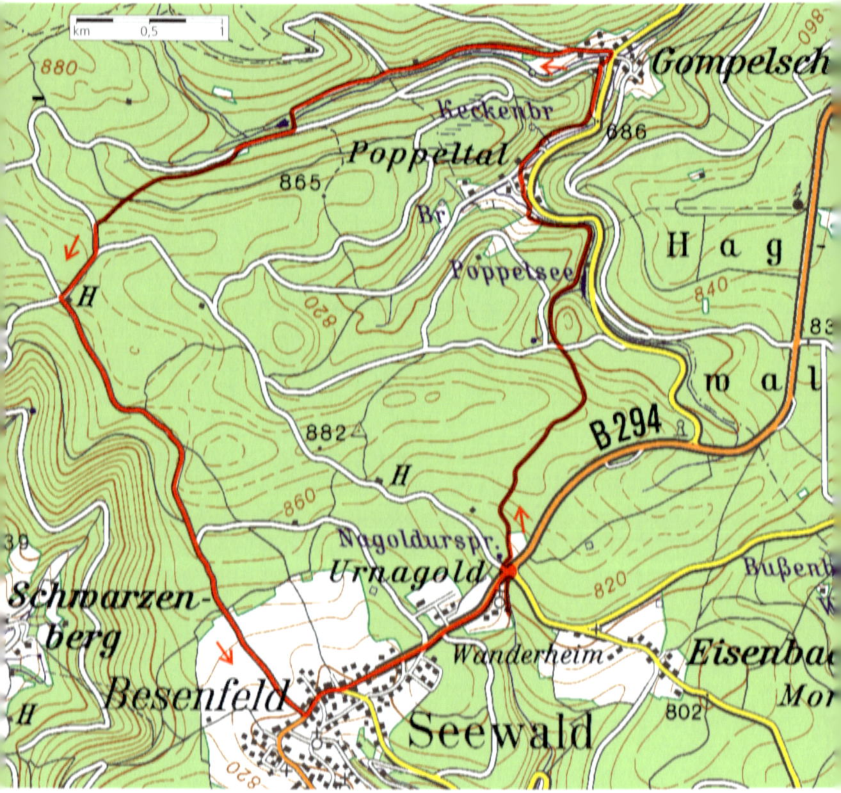

Die einstige Wehrkirche in Urnagold mit ihrem mächtigen Chorturm.

Mühlenmuseum. Am Nordende des großen Parkplatzes halten wir uns rechts in Richtung »Gompelscheuer«. Am besten bleiben wir ständig links der Bundesstraße bis *Gompelscheuer,* wo wir die *Enzquelle* finden.

Hinter ihr folgen wir dem Kaltenbachweg aus dem Ort hinaus. Dann spazieren wir eben durch das Kaltenbachtal, nach dem *Riesbrunnen* steigt es an bis zum *Kaltenbachsee.*

Vor dem See biegen wir links ab, danach rechts in Richtung »Neuhaushütte«. Nun wandern wir mit der blauen Raute immer weiter nach rechts, den Abzweig nach links ignorierend. Bald werden wir beim Schild *Lägerhalde* (780 m) aber auch nach links auf einen angenehm zu gehenden Waldweg verwiesen, der erst parallel zum breiten Forstweg verläuft, dann aber nach links zieht. Wir queren einen breiten Forstweg, am zweiten biegen wir links ab zu einer Kreuzung mit Wegweisern *Kohlplatte* (889 m).

Wir biegen nach rechts ab, gleich darauf kommen wir zu der Stelle, wo von etwa 1781 bis 1803 das Obere

Hier beginnt die später so mächtige Nagold als schmales Rinnsal.

Neuhaus stand; die Lage der Zimmer ist durch Schilder markiert. Danach kommen wir zur *Forstrat-Ebert-Hütte* (886 m), hier biegen wir links ab auf den mit der roten Raute markierten Westweg (Alte Weinstraße). Ihm folgen wir bis *Besenfeld*. Hier halten wir uns an der Durchgangsstraße links und kommen zum *Rathaus*. Danach marschieren wir auf dem Gehweg neben der Straße zurück nach *Urnagold*.

- **Länge:**
  Etwa 12 ½ Kilometer.

- **Zeit:**
  Etwa 3 ½ Stunden.

- **Höhenunterschied:**
  Etwa 300 Meter.

- **Empfohlene Karte:**
  Freizeitkarte 502 Pforzheim, Landesvermessungsamt Baden-Württemberg.

- **Einkehrmöglichkeit:**
  Urnagold, Poppeltal.

- **Sonstiges:**
  Wir wandern auf festen Wegen und Pfaden. Sommerrodelbahn und Mühlenmuseum in Poppeltal. Weitere mögliche Ausgangspunkte sind Poppeltal, Gompelscheuer und Besenfeld.

Zum hässlichen Burgfräulein

Nagold – Hohennagold – Mindersbach – Rohrdorf – Nagold

Wir wandern bei dieser Tour durch Wald, Wiesen und Felder im Nahtbereich von Schwarzwald und Gäu. Sehenswert ist die Stadt Nagold selbst mit ihren Fachwerkhäusern im Zentrum und die Ruine Hohennagold. Besonders schön ist die Landschaft im Frühjahr, wenn die Bäume und Büsche blühen.

- **Ausgangspunkt:**
  Nagold.

- **Wegverlauf:**
  Einen kostenlosen *Parkplatz* finden wir gleich hinter der großen Brücke an der B 28 in Richtung Altensteig. Von hier aus spazieren wir am Fuß des *Schlossberges* in Richtung Stadtzentrum, kommen am *Freibad* vorbei und halten uns danach rechts auf die Fachwerkhäuser zu. Nach der *Nagoldbrücke* gehen wir durch die Badgasse, vorbei am Heimatmuseum Steinhaus, zum *Marktbrunnen,* auf dem die Figur der Wüsten Urschel steht.

Die Urschel soll den Nagoldern viel Gutes getan haben. Eine Skulptur, die sie darstellt, findet sich am Marktbrunnen im Stadtzentrum.

Die Wüste Urschel

Auf der Burg oberhalb von Nagold lebte einmal ein sehr hässliches Mädchen. Weil die vornehmen Eltern recht eitel waren, schämten sie sich sehr für ihr Kind. So war sie angehalten, sich wegen ihrer Hässlichkeit zurückzuziehen, wenn herrschaftlicher Besuch in der Burg erwartet wurde. Sie sollte sich dann beim Gesinde aufhalten. Doch auch die Bediensteten behandelten das junge Mädchen schlecht. Sie lachten es aus und verspotteten es. Das Kind war darüber recht traurig, trug jedoch sein Schicksal mit Geduld und fand manches Mal Trost am Flüsschen Nagold, zu dem es oft hinabstieg.

Als das Mädchen älter geworden war, begann es eifrig, sich um die Armen und Kranken im Dorf zu kümmern. Es wurde eine herzensgute Frau, die ihren Reichtum zeitlebens verschenkte, wo immer die Not am größten war. Als sie schließlich, alt geworden, starb, blieb die Wüste Urschel – denn so nannten die Leute sie spöttisch – noch lange vielen als eine barmherzige Frau in Erinnerung. Und aus Dankbarkeit errichteten die Nagolder schließlich ihr zu Ehren ein Standbild auf dem Brunnen beim Rathaus.

Wer will, kann jetzt einen Bummel durch die alten Gassen von Nagold machen. Zur Wanderung gehen wir aber zurück und nach der *Brücke* nach rechts zu dem großen *Spielplatz*. Hinter ihm steigen wir auf dem Naturpfad Schlossberg mit der Raute des Gäurandweges im Wald bergauf. Am *Denkmal* für Carl Lindmaier halten wir uns rechts, dann links und danach noch einmal links. Wo ein Weg nach links abgeht, wandern wir geradeaus weiter. Bald zieht unser Weg nach links in den Sattel unterhalb der Ruine Hohennagold. Wir gehen von ihm aus nach links hinauf zur *Ruine*, danach wieder hierher zurück.

Die **Burg Hohennagold** wurde im 11. Jahrhundert von den Nagolder Gaugrafen, den späteren Pfalzgrafen von Tübingen, erbaut. Sie ging Mitte des 12. Jahrhunderts an die Grafen von Hohenberg über, ein hochadeliges Geschlecht, aus dem ein berühmter Minnesänger und die spätere Gattin von Rudolf von Habsburg hervorgingen. Sie bauten die Burg aus. 1363 kauften die Württemberger die Burg. Sie wurde 1645 im Dreißigjährigen Krieg durch kurbayerische Truppen zerstört.

Wir folgen nun dem geradeaus durch den Wald führenden Weg und gehen nach ihm durch die Wiesen auf den gegenüber liegenden Waldrand zu. Dort am Wegweiser *Heiligkreuz* (492 m) biegen wir mit der gelben Raute rechts ab, kurz danach halten wir uns links zum *Waldparkplatz*. Gleich nach ihm zweigen wir mit dem Zeichen gelbe Raute rechts ab. Nun wandern wir mit vielen Windungen durch den Wald. Nach ihm können wir am Waldrand entweder abkürzen, indem wir nach links zu einem festen Weg gehen. Oder wir spazieren durch die Wiesen und Felder bis *Mindersbach*. Dort biegen wir an der Landstraße links ab, gleich darauf noch einmal in die Hintere Gasse. Am Schild *Bei der Kirche* (537 m) orientieren wir uns mit der gelben Raute links in Richtung »Rohrdorf«. Am Waldrand treffen wir auf den Weg, der oben als Abkürzung beschrieben wurde.

Im Wald halten wir uns an den Verzweigungen zweimal rechts, danach sollten wir an einer Rechtskurve links oben den alten *Grenzstein* beachten. Er trägt auf der einen Seite das Kreuz der Johanniter von Rohrdorf, auf der Rückseite das badische Wappen. Es geht weiter abwärts, bis wir nach einer Rechtskurve auf einen asphaltierten Weg stoßen. Wir biegen rechts ab und marschieren mit schöner Sicht auf Rohrdorf und Ebhausen, bis uns dieser Weg nach links hinab zu den Häusern führt.

Wir biegen nach links in den Sommerweg ein und gehen bis zur Bergwaldstraße. Hier am Schild *Rohrdorf Sommerweg* (440 m) gehen wir nach links weiter. An der Verzweigung vor dem Sack-

Die Ruine Hohennagold liegt, wie der Name schon sagt, hoch über der Stadt Nagold. Die Burg wurde im 11. Jahrhundert erbaut.

gassenschild halten wir uns links. Nach dem Ort sehen wir rechts eine *Scheune*. Wir gehen zu ihr, dann nach links und kommen am *Burghof* vorbei. Wo nach ihm die Asphaltstraße nach rechts abknickt, wandern wir geradeaus weiter. Wir kommen in den Wald und hinab zum *Ausgangspunkt*.

- **Länge:**
  Etwa 12 Kilometer.

- **Zeit:**
  Etwa 3 ½ Stunden.

- **Höhenunterschied:**
  Etwa 400 Meter.

- **Empfohlene Karte:**
  Wanderkarte »Höhen und Täler um Enz Nagold Teinach«, Landesvermessungsamt Baden-Württemberg.

- **Einkehrmöglichkeit:**
  Nagold.

- **Sonstiges:**
  Die Tour verläuft auf festen Wegen. Freibad am Ausgangspunkt.

Herrenberg und die garstigen Grafen

Nufringen – Naturfreundehaus – Schlossberg – Herrenberg

Zwei Höhepunkte hat diese Wanderung: zum einen den Schönbuch selbst, der seine volle Pracht im Herbst entfaltet, wenn die Blätter in allen Farben leuchten; zum anderen die Stadt Herrenberg, die eines der schönsten Fachwerkensembles des Landes ihr eigen nennen kann. Zurück geht es dann mit der S-Bahn.

- **Ausgangspunkt:** Nufringen.

- **Wegverlauf:**

Wir gehen vom *Bahnhof* aus in Richtung Ort und unterqueren die Bahnlinie nach rechts, auf ihrer anderen Seite wandern wir nach links weiter. Wir kommen an der *Neuapostolischen Kirche* vorbei, nach der folgenden Querstraße geht es im Hanfgässle weiter. Wir treffen auf eine Straße, der wir nach rechts zur Ampel folgen. Dahinter wandern wir geradeaus in die Wiesen und Felder hinein.

An einem querenden Bach knickt der Weg rechts ab und bringt uns, vorbei an der Kleintierzuchtanlage, zur Landstraße. Wir biegen links ab, unterqueren die Autobahn und orientieren uns dahinter rechts. Nun wandern wir bis zu einem *Parkplatz*, hier biegen wir links ab. Wir kommen in den Wald und gehen erst entlang einer Lichtung bis zu einem *Haus*. Wir halten uns links, gleich danach rechts.

Kurz danach am Waldabteilungsschild *2/3 Henkelbäum* knickt unser Weg rechts ab. Wir wandern nun oberhalb einer rechts unten liegenden, durch die Bäume schwach erkennbaren Lichtung, die an einem Weiher endet. Nach ihm kommen wir zu einer baumbestandenen *Verkehrsinsel*. Hier orientieren wir uns rechts, gleich danach biegen wir links ab auf den Heuweg in Richtung »Naturfreundehaus«.

Nach diesem und vor der Landstraße biegen wir rechts ab und kommen gleich am *Steighäusle*, einst eine Unterkunft für Förster und Waldarbeiter, vorbei. Etwas später können wir mit der gelbblauen Raute des Schwarzwaldvereins links abzweigen oder wir wandern auf dem festen Weg weiter. Dabei kommen wir an der *Jahnhütte* vorbei, danach fällt der Weg. Wir wandern an einem Bunter-Mergel-Aufschluss vorbei, hier vereinigen sich beide Varianten wieder. Nun folgen wir dem Weg weiter, vorbei an der Dicken Eiche, und kommen zu einem Parkplatz. Wir gehen nach links, vorbei an einem ehemaligen *Schilfsandstein-Steinbruch*, und erreichen bald die Ruine auf dem *Herrenberger Schlossberg*.

Die drei Grafen vom Herrenberger Schloss

In Herrenberg auf dem Schlossberg stand vor langer Zeit ein großes und fest gebautes Schloss. Darin wohnten drei Grafen; sie hatten das Schloss und auch die Stadtkirche erbaut. Trotzdem hatten sie aber zeitlebens ein wildes und gottloses Leben geführt und waren nach ihrem Tod dazu verdammt, ruhelos umherzugehen.

Im Herbst hörten die Leute aus Herrenberg sie oft beim Jagen im nahen Schönbuch lärmen und schreien;

Die Altstadt von Herrenberg, darüber die Stiftskirche, die »Glucke vom Gäu«

auch das Gebell ihrer Hundemeuten gellte nächtelang durch den Wald und bis in die Stadt hinab. Manchmal fuhren sie auch von ihrem Herrenberger Schloss zu jenem in Ehningen. Vier Katzen mussten dann den Wagen ziehen, und die Fahrt war wild, über Stock und Stein, wie der Wind mit Gesaus und Gebraus.

Auf dem Rest des ehemaligen Pulverturms auf dem **Schlossberg** wurde 1957 ein Aussichtsturm errichtet, darunter befindet sich noch ein Verlies. Hier stand das Schloss (13. Jahrhundert) des Pfalzgrafen Rudolf II. von Tübingen. Es wurde bis auf einen Rest der Schildmauer 1807 abgebrochen. Auf dem Kanonenbuckel befand sich im 14. Jahrhundert die »Hintere Burg«. Der Name kommt daher, dass an dieser Stelle im 18./19. Jahrhundert eine Alarmkanone stand, die von der Hochwacht abgeschossen wurde, wenn ein Feuer ausgebrochen war.

Von hier aus gehen wir hinunter in die Stadt. Wir kommen an den Schenkelmauern vorbei, die die Burg mit der Stadtmauer verbanden. Wenn wir links der Mauer hinabsteigen, müssen wir spätestens am zweiten Durchgang nach rechts auf die andere Mauerseite gehen.

Blattmaske am Eingang zur Stiftskirche in Herrenberg

Von hier aus geht es hinab zur *Kirche*, danach zum *Marktplatz*.

Wir gehen auf seiner linken Seite gerade hinunter, unterqueren die Durchgangsstraße und folgen der Beschilderung zum *Bahnhof*.

- **Länge:**
  Etwa 9 ½ Kilometer.
- **Zeit:**
  Etwa 2 ½ Stunden.
- **Höhenunterschied:**
  Etwa 150 Meter.
- **Empfohlene Karte:**
  Landkreis Tübingen, Landesvermessungsamt Baden-Württemberg.
- **Einkehrmöglichkeit:**
  Naturfreundehaus, Schlossberg, Herrenberg.
- **Grillmöglichkeit:**
  Jahnhütte.
- **Sonstiges:**
  Die Tour verläuft auf festen Wegen.

Einsiedelei und Teufelsbrücke

Bebenhausen – Geschlossener Brunnen – Teufelsbrücke – Einsiedelei – Entringer Stein – Dürrstein – Bebenhausen

Diese Wanderung führt uns vom beschaulichen Bebenhausen aus durch den Schönbuch. Insbesondere im Herbst ist dieser Naturpark ein empfehlenswertes Ausflugsziel. Wir besuchen den beliebten Rastplatz Teufelsbrücke, steigen auf zu einer ehemaligen Einsiedelei und können einen Abstecher zum idyllischen Birkensee machen. Zurück geht es durch das große Goldersbachtal.

- **Ausgangspunkt:**
  Tübingen-Bebenhausen.

- **Wegverlauf:**
  Wir gehen vom großen Wanderparkplatz südlich von Bebenhausen die Alte Straße entlang zum Ortsrand, wo wir links in die Straße Am Goldersbach einbiegen. Ab hier spazieren wir entlang des Goldersbachs bis zum *Geschlossenen Brunnen,* wo wir uns rechts orientieren.

Der Schimmelreiter

Ein Schimmelreiter ritt einst, den Kopf unter dem Arm, den Goldersbach auf und ab. Er war manchmal am Tag, meistens aber im Dunkeln, gleich nach der Betglocke, unterwegs. Dann ritt er in wildem Gebraus durchs Wasser, und Kinder, die sich verspätet hatten, rafften schnell ihre Siebensachen zusammen und machten, dass sie nach Hause kamen.

Manchmal war der Schimmel aber auch ohne seinen Reiter zu sehen. Und als das Pferd einmal auf einer Wiese bei Bebenhausen weidete, wagte es ein Zimmermann, ein frecher und mutiger Bursche, sich auf seinen Rücken zu schwingen. Der Schimmel aber ging im wilden Galopp durch und jagte davon und warf schließlich den Burschen mit einem solchen Schwung ab, dass dieser sich alle Knochen im Leib brach.

Wir kommen durch den *Wildzaun* und wandern zu einer Verzweigung, hier können wir uns links oder rechts halten, beide Wege bringen uns zum Rastplatz *Teufelsbrücke,* wo an schönen Tagen immer viel los ist. Der kleine See ist im Frühjahr ein beliebtes Laichgebiet für Frösche, was schon von weitem zu hören ist.

Wir gehen links an ihm vorbei ins *Große Goldersbachtal* und halten uns an der nächsten Verzweigung rechts. Nun steigt es an, wir orientieren uns vorerst immer an den Schildern, die »zur ehemaligen Kapelle« verweisen. An der nächsten Verzweigung biegen wir rechts ab, danach überqueren wir eine Kreuzung und folgen dem Steinigen Weg. Kurz danach ignorieren wir das nach links weisende Schild *zur Einsiedelei*, biegen aber gleich darauf links in Richtung »Kapelle« ab. Es steigt leicht an, dann biegen wir am nächsten Querweg links ab. Etwas später sehen wir links unten die Reste der *Einsiedelei* und der Kapelle.

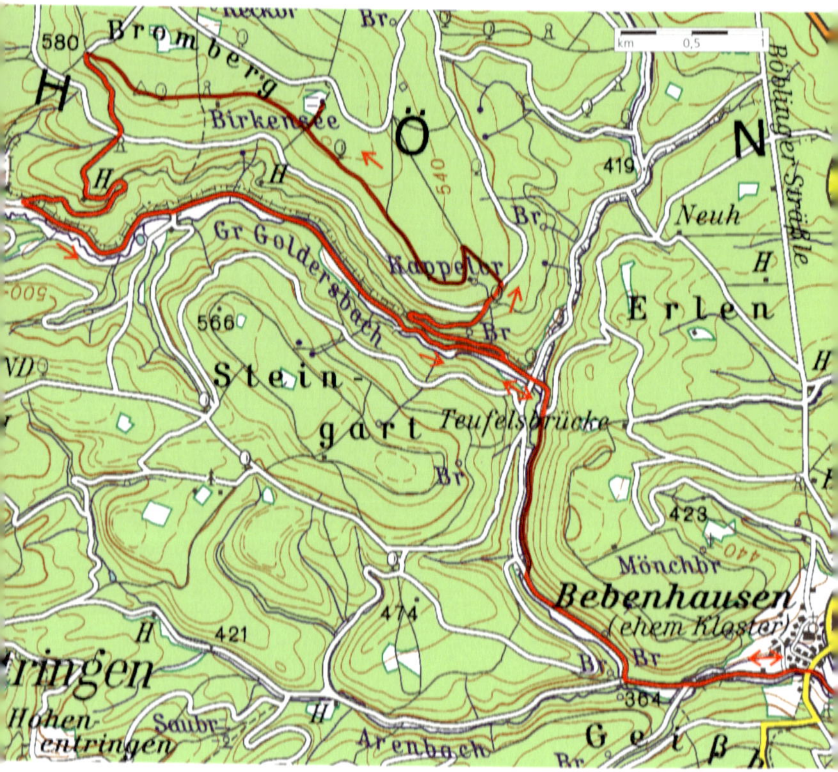

Mauerreste der Einsiedelei oberhalb des Goldersbachtals

Der Geist von der Teufelsbrücke

Mitten im Schönbuch, oberhalb des Goldersbachtales, stand einst die Klause eines Einsiedlers. Immer um Mitternacht läutete er sein Glöcklein und stieg hernach hinab zum Goldersbach, um dort am Kreuzweg den Teufel zu beschwören.

Wir gehen weiter auf dem Waldweg; bald weisen Birken auf den nahen *Birkensee* hin, zu dem man nach einer Weile nach rechts einen Abstecher machen kann. Etwas später steht rechts an einem abzweigenden Weg der *Entringer Stein,* ein alter Stundenstein. Kurz darauf können wir auf einem schräg nach links abzweigenden breiten Naturweg hinab zum *Dürrstein,* einem Gedenkstein, gehen, wer lieber auf festem Weg weiterwandert, geht noch kurz geradeaus weiter und biegt dann links ab, auch dieser Weg führt zum Dürrstein.

Wir wandern rechts an ihm vorbei zum Aussichtspunkt *Falkenkopfhütte*. Nach einer Rechtskurve geht es hinab ins *Große Goldersbachtal,* wo wir uns links halten. Nach dem *Soldatengrab* kommen wir zum *Rastplatz Teufelsbrücke*. Nun wandern wir auf bekanntem Weg zurück.

Das **Kloster Bebenhausen** wurde vermutlich um 1183/84 durch Pfalzgraf Rudolph von Tübingen gegründet. 1187 wird es jedenfalls erstmals urkundlich erwähnt. Ab 1190 lebten Zisterzienser in diesem Kloster. Der Bau der heutigen Klosteranlage im ausgehenden 12. und beginnenden 13. Jahrhundert mit Kirche, Kreuzgang und den anschließenden Gebäuden folgte denn auch den Maßstäben der zisterziensischen Architektur. Im Lauf seines Bestehens entwickelte sich das Kloster zu einem der reichsten in Württemberg. 1535 löste Herzog

Der Goldersbach schlängelt sich idyllisch durch sein Tal.

Ulrich von Württemberg im Zuge der Reformation das Kloster auf. Herzog Christoph richtete 1556 dann eine der vier höheren Klosterschulen des Landes hier ein.

Ab 1807 dienten Teile des ehemaligen Klosters als Jagdschloss der württembergischen Könige.

- **Länge:**
  Etwa 18 Kilometer.

- **Zeit:**
  Etwa 4 ½ bis 5 Stunden.

- **Höhenunterschied:**
  Etwa 230 Meter.

- **Empfohlene Karte:**
  Freizeitkarte Landkreis Tübingen, Landesvermessungsamt Baden-Württemberg.

- **Einkehrmöglichkeit:**
  Bebenhausen.

- **Sonstiges:**
  Wir wandern überwiegend auf festen Wegen.

Festschmaus auf dem Kapellenberg

Unterjesingen – Wurmlinger Kapelle – Wurmlingen – Wendelsheim – Märchensee – Pfäffingen – Unterjesingen

Zu den bekanntesten Sehenswürdigkeiten im Albvorland zählt die Wurmlinger Kapelle, die auf ihrem allein stehenden Hügel das Ammertal überragt. Von dort oben bietet sich eine prächtige Aussicht. Eine ganz andere Atmosphäre strahlt der stille Märchensee aus, den wir anschließend aufsuchen.

- **Ausgangspunkt:** Tübingen-Unterjesingen.

- **Wegverlauf:** Wir gehen ab der *Haltestelle* der Ammertalbahn erst zur nach Wurmlingen führenden Straße und folgen ihr bis hinter den Bach, dann biegen wir mit dem Radwegschild links ab. Wo es nicht mehr geradeaus weitergeht, halten wir uns links zur *Mühle*, danach rechts. Etwas später stoßen wir auf die zur *Domäne Ammern* führende Straße, der wir nach rechts folgen.

Wir spazieren an Ammern vorbei und in den Wald, dort geradeaus parallel zu einer tief eingeschnittenen Klinge hinauf und biegen nach ihr scharf rechts ab. Es geht auf ihrer anderen Seite etwas zurück, dann im Wald mit vielen Windungen bis zum Sattel unterhalb der *Kapelle*, zu der wir dann aufsteigen.

Die Sage vom Grafen Anselm von Calw und dem Wurmlinger Jahrestag

Kurz vor seinem Tod bestimmte Graf Anselm von Calw, man möge nach seinem Ableben seinen Leichnam in einem schwarzen Sarg auf einen schwarzen Wagen legen und von schwarzen Stieren ziehen lassen. Die Tiere, so verlangte der Graf weiter, sollten noch nie zuvor einen Wagen gezogen haben und sie sollten den Wagen ohne einen Führer ziehen. Dort, wo die Ochsen von selbst zu stehen kämen, sollte man ihn begraben. Tatsächlich verharrten, als es soweit war, die Ochsen mit dem Sarg des Grafen am Wurmlinger Kapellenberg.

Zu seinem Gedenken stiftete der Graf für jeden Dienstag nach Allerseelen einen Jahrtag, anlässlich dessen auf dem Kapellenberg ein dreijähriger Stier, ein drei-, ein zwei- und ein einjähriges Schwein, je ein Fass mit drei-, zwei- und einjährigem Bier und dreierlei Brot, zu jedem Gang ein frisches, gereicht wurden. Der Fuhrmann, der dies alles brachte, erhielt eine haselbraun gebratene Gans und die Pferde Haber und ein Halfter.

Jeder Priester durfte zu diesem Fest seinen »Schatten« mitbringen – einen Lehrling oder Knecht – und noch jemanden, den sie unterwegs getroffen hatten. Auch die Armen waren eingeladen. Das Mahl der Herren begann mit Schweinsköpfen, danach Ganspfeffer, Huhn in Brühe und Fisch. Der Hauptgang bestand aus einer Gans. In ihr steckte ein Huhn und in diesem ein Krammetsvogel. Nach dem Nachtisch besuchte man gemeinsam die Kirche. Graf Anselm hatte überdies angeordnet, dass unter seinen Nachkommen nur derjenige den Brauch aufheben dürfe, dem es gelänge, auf einem Pferd sitzend einen Kieselstein über die Turmspitze des Münsters zu werfen. Doch obwohl das niemals jemand versucht hat, ist der Jahrestag heute vergessen.

Die berühmte **Wurmlinger Kapelle** war früher auch ein Wallfahrtsziel. Hier oben sollen Hölderlin, Schelling

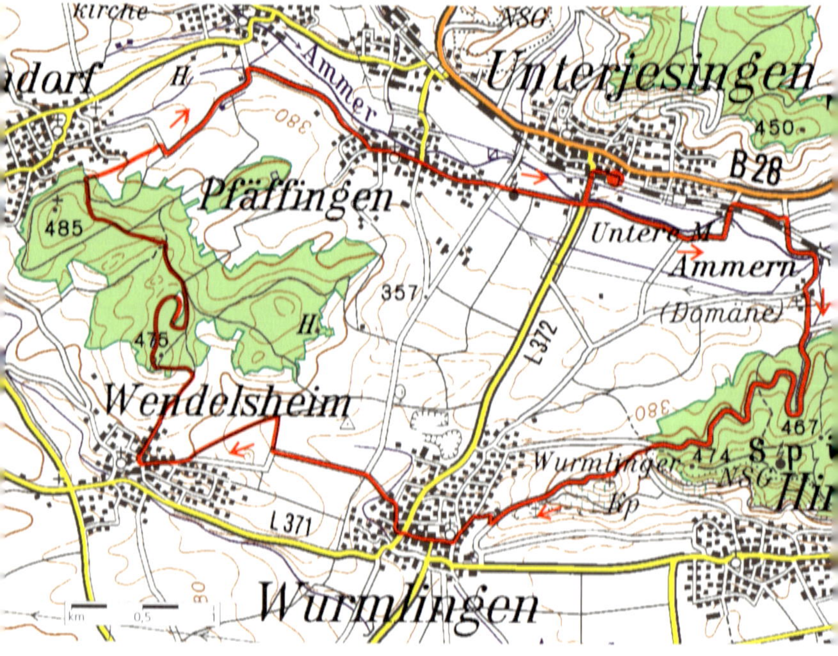

Herbststimmung unterhalb der Wurmlinger Kapelle

und Hegel, angeregt von der Französischen Revolution, die deutsche Republik ausgerufen haben. Die ältesten Mauerreste stammen aus der Karolingerzeit. Die romanische Vorgängerkapelle wurde um 1050 als Grablege für den Grafen Anselm von Calw errichtet. 1644 wurde der gotische Kapellenbau dann durch ein Feuer zerstört, vier Jahrzehnte später – jetzt im barocken Stil – aber wiederaufgebaut. Die Kapelle ist, man kann es nicht anders sagen, »gedichtumrankt«. Zu den bekanntesten Versen gehören wohl die Worte von Nikolaus Lenau: »Luftig wie ein leichter Kahn,/auf des Hügels grüner Welle,/schwebt sie lächelnd himmelan,/dort die friedliche Kapelle«.

Anschließend biegen wir, wenn wir von der Kapelle aus wieder etwas hinabgegangen sind, links ab und spazieren auf dem Kreuzweg hinunter. Bei der ersten Kreuzwegstation, kurz vor dem Parkplatz, zweigen wir nach rechts ab und gehen an den Ortsrand von *Wurmlingen,* hier zieht die Straße nach links und bringt uns zur *Kirche*. Nach ihr biegen wir rechts ab (Bricciusstraße).

Ihr folgen wir nun eine Weile; es mündet eine vorfahrtsberechtigte Straße ein, später stoßen wir auf eine weitere vorfahrtsberechtigte Straße.

Wir überqueren sie und behalten mit dem Radwegschild unsere Richtung bei. Die Straße zieht gleich nach rechts und geht in die Weidestraße über. Nach *Haus Nr. 13* und an der *Umspannstation* folgen wir der Weidestraße nach links, dann geradeaus aus dem Ort hinaus. Kurz danach stoßen wir an einem Feldkreuz auf die querende Römerstraße, hier gehen wir geradeaus weiter, bis unser Weg an einem Querweg endet. Wir biegen rechts ab, bis es nicht mehr weitergeht, halten uns links und kommen nach *Wendelsheim*. Wir biegen im Ortszentrum nach dem klassizistischen *Rathaus* von 1841 rechts in die Steinbruchstraße in Richtung »Märchensee« ab.

Nach dem *Parkplatz* am Ortsrand verzweigt sich die Straße, wir nehmen die rechte (Schranke!) und gehen hoch zum Waldrand auf dem Pfaffenberg, wo wir uns links halten. An einem schönen Aussichtspunkt zieht unser Weg rechts in den Wald. An der Verzweigung halten wir uns links und stehen nach etwas bergab vor dem idyllischen *Märchensee*.

Wir gehen an dem Seelein vorbei, dann durch das beeindruckend wild wirkende Steinbruchgelände. Danach zieht der Weg u-förmig nach rechts. Nach der Schranke biegen wir links ab. Gleich darauf sehen wir rechts in einer amphitheaterähnlichen Senke einen schönen Rast- und Grillplatz mit Tischen und Bänken. Am querenden Forstweg danach biegen wir links ab, an der nächsten Verzweigung bleiben wir ebenfalls links und wandern oberhalb des Steilabbruchs zum Steinbruch weiter. Im Prinzip geht es immer geradeaus. Etwa fünf Minuten nach einer Schranke zieht der Weg nach links, wir behalten aber unsere Richtung bei und gehen leicht ansteigend auf den bald sichtbaren *Wasserbehälter* zu. Danach fällt es steil ab. Links sehen wir die zu der kleinen Kapelle führenden Kreuzwegstationen. Am Waldrand gehen wir steil hinab zu den ersten Häusern von *Oberndorf*.

Wir halten uns rechts und biegen am querenden Weg nach dem Ort rechts, dann links ab und spazieren nun auf dem Radweg bis kurz vor *Poltringen*. Am Sportplatz vor dem Ort knickt der Weg links ab, gleich darauf folgen wir dem Radwegschild nach rechts. Danach durchqueren wir *Pfäffingen* und kommen dahinter zur bekannten Straße von Unterjesingen nach Wurmlingen. Mit einem Links-rechts-Schwenk kommen wir zurück zum *Ausgangspunkt*.

- **Länge:**
  Etwa 16 Kilometer.

Der Märchensee oberhalb von Wendelsheim macht seinem Namen alle Ehre, die Stimmung am See ist märchenhaft schön.

- **Zeit:**
  Etwa 4 ½ Stunden.

- **Höhenunterschied:**
  Etwa 330 Meter.

- **Empfohlene Karte:**
  Freizeitkarte 523 Tübingen Reutlingen, Landesvermessungsamt Baden-Württemberg.

- **Einkehrmöglichkeit:**
  Wurmlingen.

- **Grillmöglichkeit:**
  Vor der Kapelle, nach dem Märchensee.

- **Sonstiges:**
  Die Wanderung verläuft auf festen Wegen und Pfaden.

Auf dem Schleichweg des Schlangenkönigs

Wurmlingen – Spitzberg – Wurmlinger Kapelle – Wurmlingen

Bei dieser Wanderung erleben wir viele Landschaftseindrücke, einer schöner wie der andere. Zum einen wandern wir durch die Weinberge am Spitzberg, der ohnehin eine reiche Fauna und Flora aufzuweisen hat, zum anderen streifen wir durch prächtige Laubwälder. Immer wieder haben wir eine schöne Aussicht ins Ammertal, zum Rammert und auf den Höhenzug des Schönbuchs.

- **Ausgangspunkt:**
  Rottenburg-Wurmlingen.

- **Wegverlauf:**
  Wir parken auf dem *Parkplatz* unterhalb der Kapelle, die wir von der *Uhlandhalle* an der Straße nach Tübingen erreichen. Dann nehmen wir das Sträßchen, das hoch zur Kapelle führt. Wir kommen an verschiedenen Kreuzwegstationen vorbei und zweigen bei *Station 7* rechts auf den Lehrpfad ab. Ihm folgen wir durch die Weinberge bis zu einem großen *Kruzifix* nach dem *Wasserbehälter;* hier biegen wir nach links ab, kurz danach halten wir uns mit dem Zeichen roter Strich rechts.

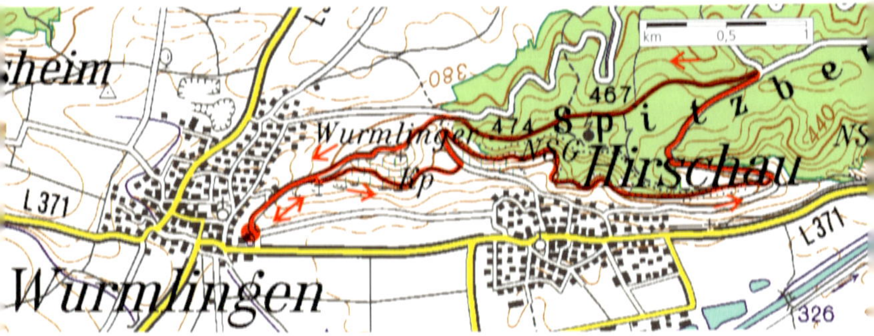

Vom Weg auf den Spitzberg geht der Blick zurück zur Wurmlinger Kapelle.

Der Hofbauer und der Schlangenkönig

In alten Zeiten stand auf dem Spitzberg eine Burg, in der ein Schlangenkönig seine Schätze bewachte. Von Zeit zu Zeit kam er jedoch aus seinen Kellergewölben hervor, um zum Baden an den Neckar hinabzukriechen. An dessen Ufern pflegte er dann sein Krönlein auf einem trockenen und sauberen Platz niederzulegen, bevor er ins Wasser glitt.

Eines Tages hatte dies der Hofbauer aus Hirschau, ein in geheimen Dingen bewanderter Mann, heimlich beobachtet. Sogleich wollte er das goldene Krönlein an sich raffen, und als er den Schlangenkönig wieder einmal zum Neckar hinabschlängeln sah, packte er denn auch rasch ein reines, weißes Tüchlein und breitete es am Ufer aus. Dann versteckte er sich mit seinem Pferd hinter einem Weidenbusch, so dass ihn der Schlangenkönig nicht entdecken konnte. Als dieser angekrochen kam, legte er seine Krone auf das saubere Tüchlein und glitt hernach ins Wasser.

Wieselflink griff der Bauer nach dem Krönlein, schwang sich blitzschnell in den Sattel und jagte ins Dorf zurück, den zürnenden Schlangenkönig dicht auf den Fersen. Mit knapper Not erreichte er das Hoftor und schlug es hinter sich zu. Der Bauer galt fortan als der reichste Mann im Dorf. Von dem Schlangenkönig aber ward nie mehr etwas gesehen!

Idyllisch gelegene Kuhweide auf dem Spitzberg

Nun geht es am Südabhang des Spitzbergs entlang, schließlich leicht ansteigend, bis der Weg einen Linksbogen beschreibt und uns vor ein Tal bringt. Wir halten uns rechts und kommen hinab zu einem Spielplatz; hier biegen wir links ab und wandern am unteren Rand der Weidefläche wieder in den Wald. An einem Rast- und Spielplatz zieht der Weg nach rechts. Wir queren nach etwas bergauf einen Weg und wandern mit dem Zeichen roter Strich bis zu einer Kreuzung am Waldabteilungsschild *IX Spitzberg 7 Buß*. Hier nehmen wir den scharf nach links abzweigenden Naturweg, der mit der Muschel des Jakobsweges markiert ist. Er bringt uns zum Sattel unterhalb der *Wurmlinger Kapelle*.

Wir steigen hoch zu dem *Kirchlein*, dann geht es auf dem Kreuzweg wieder hinab zum Ausgangspunkt.

- **Länge:**
  Etwa 8 Kilometer.

- **Zeit:**
  Etwa 3 Stunden.

- **Höhenunterschied:**
  Etwa 310 Meter.

- **Empfohlene Karte:**
  Freizeitkarte Landkreis Tübingen, Landesvermessungsamt Baden-Württemberg.

- **Einkehrmöglichkeit:**
  Wurmlingen.

- **Sonstiges:**
  Die Tour verläuft auf Forstwegen.

Bei widerspenstigen Bildstöcken

Rottenburg – Wallfahrtskirche Weggental – Heuberg – Streimberg – Rottenburg

Die Wallfahrtskirche Weggental ist ein barockes Kleinod inmitten der fruchtbaren Gäulandschaft. Wir wandern von hier aus zu einem alten Turm und dann mit schöner Aussicht ins Ammertal zurück. Wer will, kann auch noch Rottenburg besichtigen.

- **Ausgangspunkt:**
  Rottenburg.

- **Wegverlauf:**
  Wir biegen in *Rottenburg* am *Eugen-Bolz-Platz* in die Weggental-Straße ab und folgen ihr bis zu einem scharfen Linksknick. Etwas links davon finden wir einen großen *Parkplatz*. Dann gehen wir zurück zum Knick und wandern mit dem Wanderzeichen rotes Kreuz auf dem Wildbienenlehrpfad in das Tal hinein. Es geht vorbei an mächtigen Felsen, an deren Fuß gepflegte Kleingärten liegen. Schließlich werden wir links hinauf zur *Wallfahrtskirche Weggental* verwiesen.

Wie die Wallfahrtskirche »Maria im Weggental« entstand

Ein Bauer aus Remmingsheim kam manches Mal auf seinem Weg nach Rottenburg im Weggental an einem Bildstock vorüber. Dann betrachtete er das kleine Figürchen der Muttergottes mit großem Wohlgefallen. Als er eines Tages wieder einmal mit seinem Karren vom Markt nach Hause fuhr und den Bildstock schon am Wegrand stehen sah, dachte er bei sich, dass dies kleine Figürlein seinen Kindern ein schönes Spielzeug wäre. So nahm er das Schnitzwerk von der steinernen Säule und steckte es ein.

Zu Hause angekommen gab er vor, das Püppchen auf dem Jahrmarkt erstanden zu haben. Als er es aber auspacken wollte, war es verschwunden. Er hatte es wohl auf dem Weg verloren, so glaubte er.

Jedoch, als er einige Zeit später wieder an jenem Bildstock vorüberfuhr, wunderte er sich sehr: Da stand nämlich die Figur wieder an ihrem alten Platz. Und der Bauer konnte es sich nur damit erklären, dass sie jemand gefunden und zum Bildstock zurückgebracht hatte. So nahm er sie erneut an sich – doch zu Hause angekommen hatte sie sich wieder in Luft aufgelöst.

Nun wurde der Bauer misstrauisch und glaubte, jemand wolle ihm einen Streich spielen. Er musste es also geschickter anfangen! So lud er eine Truhe auf seinen Wagen und fuhr wieder ins Weggental. Und tatsächlich, die Figur war wieder an ihrem alten Platz. Er packte sie also, legte sie in die Truhe und verschloss diese gut mit einem schweren Schloss. »Dir werde ich das Weglaufen schon austreiben«, brummte er.

Doch welch Schreck! Als er am nächsten Tag in die Truhe schaute, war die Figur wie beim ersten und zweiten Mal verschwunden.

In seiner Verzweiflung erzählte der Bauer das Erlebnis seinen Nachbarn und Verwandten und diese verbreiteten die wundersame Geschichte weiter in der ganzen Umgebung. Und so kam es, dass es nicht lange dauerte und viele Leute wallfahrteten zu dem Bildstock. Und da es immer mehr wurden, beschloss man eines Tages, an der Stelle des Bildstocks eine Kapelle zu bauen.

~

In den Jahren 1682 bis 1696 wurde die **Wallfahrtskirche Maria im Weggental** im Auftrag des Jesuitenordens von dem Vorarlberger Baumeister Michael Thumb erbaut. Vorher stand dort nur ein Bildstock mit der Muttergottes. 1517 soll sich die oben stehende Geschichte zugetragen haben.

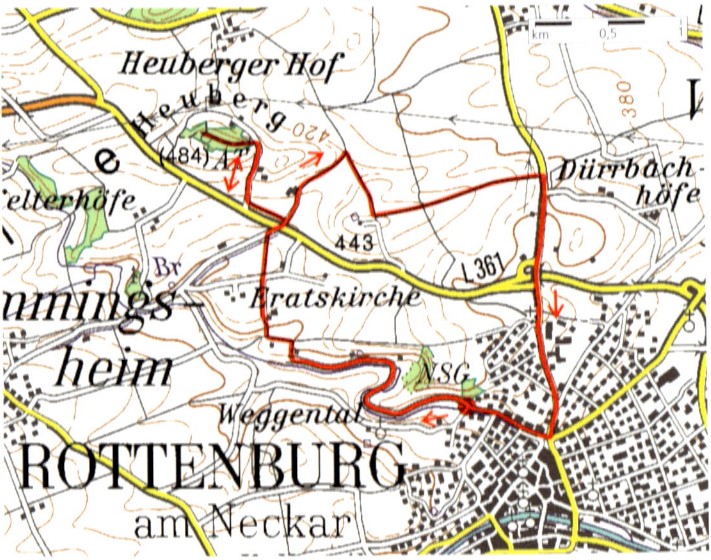

Die Wallfahrtskirche im Weggental ist ein Barockjuwel.

Nach der Besichtigung der Kapelle kehren wir wieder auf den Talweg zurück und folgen ihm in einigen Windungen bis zu einer Schranke, hier weist uns das Wanderzeichen nach rechts. Wir steigen die Treppe hinauf, danach treffen wir auf einen querenden Weg. Hier halten wir uns links, gleich danach rechts und wandern, vorbei an einem *Hof* und Pferdekoppeln, geradeaus bis zur Straße.

Hier haben wir zwei Möglichkeiten. Wer einen Abstecher zum Aussichtsturm auf dem Heuberg machen will, geht kurz links, dann nach rechts zum *Heuberger Hof*. Nach ihm zieht der Weg nach links auf die Rückseite des *Heubergs*. Am Wasserbehälter werden wir nach links verwiesen. Wenige Minuten später stehen wir an der *Heuberger Warte*.

Die **Heuberger Warte** (484 m) wurde als Wartturm erbaut, als das Gebiet der Hohenberger von 1410 bis 1454 an die Reichsstädte verpfändet war. Der Turm ist allerdings verschlossen. Den Schlüssel kann man sich aber besorgen: WTG Rottenburg, Marktplatz 24, Telefon (07472) 916-236.

Dann gehen wir zurück zur Landstraße und biegen links ab. Wo man rechts eine *Gärtnerei* sieht, biegen wir links ab (Heuberger Hof 5). Wer auf die Heuberger Warte verzichtet, geht gleich diesen Weg. Wir spazieren am Hof

Durch die blumengeschmückten Kleingärten führt ein Lehrpfad.

vorbei bis zu einem Querweg, wo wir nach rechts abbiegen.

Wir wandern, bis uns das rote Kreuz nach links in Richtung »Wurmlingen« verweist. Nun geht es geradeaus auf die Wurmlinger Kapelle zu. An der Landstraße biegen wir rechts ab und wandern neben ihr zurück nach *Rottenburg*. Unterwegs kommen wir an der *St.-Theodor-Kapelle* vorbei, danach liegt links die gründerzeitliche Festhalle. Am *Eugen-Bolz-Platz* biegen wir rechts ab und spazieren zurück zum *Ausgangspunkt*.

- **Länge:**
  Etwa 10 Kilometer.

- **Zeit:**
  Etwa 3 Stunden.

- **Höhenunterschied:**
  Etwa 230 Meter.

- **Empfohlene Karte:**
  Freizeitkarte 523 Tübingen Reutlingen, Landesvermessungsamt Baden-Württemberg.

- **Einkehrmöglichkeit:**
  Rottenburg.

- **Sonstiges:**
  Die Tour verläuft meist auf festen, kurze Stücke auf unbefestigten Wegen.

Keltische Spuren in der Federlesmahd

Echterdingen/Parkplatz Riesenschanze – Riesenschanze – keltische Stelen – Seebrückenmühle – Schlösslesmühle – Parkplatz

Bei dieser Wanderung kommen wir an einigen historisch interessanten Stellen vorbei; der Weg führt uns durch den nördlichen Rand des Schönbuchs und hinab ins idyllische Siebenmühlental.

- **Ausgangspunkt:**
  Echterdingen/Parkplatz Riesenschanze oder Parkplatz Seebrückenmühle.

- **Wegverlauf:**
  Wir zweigen in *Echterdingen* an der nach Steinenbronn führenden Straße am Ortsausgang in die Waldenbucher Straße ab und fahren bis zum *Wanderparkplatz Riesenschanze*.

Der Riese von der Federlesmahd

Einst wohnte ein Riese, umgeben von Wall und Graben, am Rande des Schönbuchs in der Federlesmahd bei Echterdingen. Er war weithin gefürchtet wegen seines ungeheuren Appetits und seines zornigen Wesens.

Seinen Hunger mussten ihm die Echterdinger stillen. Zwei Kälber täglich, daneben noch andere Speisen verschlang er im Nu. Traf sein Essen nicht rechtzeitig ein, schleuderte er in seiner Wut große, zentnerschwere Steinbrocken auf das Dorf hinab. Er lief dann manches Mal umher auf der Suche nach Essbarem, und vom Hunger getrieben soll er gelegentlich auch den einen oder anderen Echterdinger verspeist haben.

Eines Tages gab es aber eine große Teuerung und Not kam über das Land. Die Echterdinger konnten dem Riesen darum sein tägliches Brot nicht mehr liefern. Alles Wüten half ihm da nichts – und so musste er elendiglich verhungern und wurde unter dem größten der Grabhügel begraben.

Noch heute soll sein Geist dort umgehen. Geht jemand bei Nacht in den Wald, wird er irregeleitet und findet selten vor Tagesanbruch wieder heraus. Mancher will den Riesen auch gesehen haben, wie er in der Stille der Nacht sein Grab umreitet.

Wir nehmen den mit dem roten Kreuz markierten Weg, der in Richtung »Spielwiese« in den Wald führt. Hinter der *Spielwiese* sehen wir rechts am Waldrand einen keltischen Grabhügel, in der Umgebung finden wir noch weitere.

Etwas später zweigen wir mit dem roten Kreuz rechts ab (Stangenallee), dann noch einmal auf einen Pfad. Nach ein paar Minuten überqueren wir bei einer Brücke eine Seite der so genannten *Riesenschanze*. Nach dem zweiten Wall biegen wir auf den Weg links ab und kommen zu einem Forstweg. In ihn biegen wir zwar rechts ab, vorher können wir jedoch noch einen kurzen Abstecher zu einer Ansammlung von Nachbildungen von keltischen *Götter- und Totenstelen* machen. Wir nehmen dazu den auf der anderen Seite des Forstweges nach links führenden Naturweg, der uns zu den Stelen führt; anschließend kehren wir wieder auf den Forstweg zurück.

Wir folgen ihm und kommen an einem Antennenmast vorbei, queren einen Forstweg und gehen danach auf dem »Der Steile« genannten Weg hinab zur Hagenbuchenallee. Sie bringt uns nach rechts zum Seeweg, auf den wir links abzweigen. Er

Das Siebenmühlental zählt zu den beliebtesten Naherholungszielen am nördlichen Schönbuchrand.

bringt uns hinunter zum *Parkplatz Seebrückenmühle*. Wir halten uns links und marschieren nun eine Weile durch das idyllische Siebenmühlental. Es geht vorbei an der *Schlechtsmühle*, dann steigt es etwas an. Wer einkehren will, kann nach einer Weile nach rechts zur *Schlösslesmühle* hinabgehen. Ansonsten bleiben wir auf dem oberen Weg, der nach links zieht und nach einer Weile in die Alte Poststraße einmündet.

Der Federle

Hier in der Gegend lebte einst ein Kobold, der Federle genannt wurde. Dieser Kobold spukte im Wald herum und zeigte sich in mancherlei Gestalt. So hörte ein Waldhüter einmal zu später Stunde ein lautes Hallo- und Hurra-Geschrei und heiseres Hundegebell. Aus dem Dickicht brach das Wild von schierer Angst gepackt heraus und jagte an dem Waldhüter vorüber. Hinter dem Wild

Nachbildung einer keltischen Stele im Echterdinger Wald

her hetzte der Federle in Gestalt eines Jägerburschen mit altertümlichem, grasgrünem Gewand, den Hut keck auf dem Kopf und mit einer Meute Jagdhunde an der Leine. Und während der Kobold vorbeieilte, blickte er den angsterstarrten Waldhüter mit festem Blick an. War der Spuk vorüber, konnte man im Wald jedes Blatt fallen hören, so still war es.

Ein anderes Mal holte ein armes Bäuerchen gerade Laubstreu aus dem Wald, als es plötzlich ein Kalb angsterfüllt blöken hörte und das wilde Gebell eines Metzgerhundes dazu ertönte. Da zog ein kräftiger Metzgergeselle mit Kalb und Hund rasch an ihm vorüber. Der Geselle sandte dem Bäuerchen einen solch gellenden Pfiff durch die Finger ins Ohr, dass diesem Hören und Sehen verging. In Todesangst ließ der Bauer alles stehen und liegen und eilte seinem Hause zu, wo er sich schweißgebadet und krank auf die Bettstatt warf.

In einem anderen Fall hatte sich der Kobold am Adventsfest einem nächtlichen Wanderer in Gestalt eines schweigsamen Mönches zugesellt. Andere sahen den Federle auch als Nebelgestalt in einem leuchtenden Feuerschein ruhelos die Federlesmahd durchstreifen.

- **Länge:**
  Etwa 6 Kilometer.

- **Zeit:**
  Etwa 2 Stunden.

- **Höhenunterschied:**
  Etwa 120 Meter.

- **Empfohlene Karte:**
  Wanderkarte Rund um Stuttgart, Landesvermessungsamt Baden-Württemberg.

- **Einkehrmöglichkeit:**
  Seebrückenmühle, Schlösslesmühle.

- **Spiel-/Grillplatz:**
  Nach dem Parkplatz.

- **Sonstiges:**
  Wir gehen teilweise auf Naturpfaden, ansonsten auf geschotterten und asphaltierten Wegen.

Zu Gast beim Wirt am Berg

Egelseer Heide – Rotenberg – Grabkapelle – Mönchberg – Egelseer Heide

Diese Wanderung könnte man auch als Stuttgarter Aussichtstour bezeichnen, führt sie doch auf der Höhe durch die Weinberge um Rotenberg und Untertürkheim. Da sie nicht allzu lang ist, hat man genug Zeit, die berühmte Grabkapelle auf dem Württemberg zu besichtigen oder das Heimatmuseum in Rotenberg zu besuchen; auch eine Einkehr bietet sich an.

- **Ausgangspunkt:**
  Stuttgart-Rotenberg.

- **Wegverlauf:**
  Wir fahren durch ganz *Rotenberg* hindurch bis zum *Parkplatz* bei der *Egelseer Heide*. Dann nehmen wir den am unteren Ende des Parkplatzes wegführenden Karl-Münchinger-Weg, der mit dem roten Strich markiert ist und rechts des Freizeitgeländes entlangführt. Nach dem Wohnhaus beschreibt der durch die Weinberge führende Weg eine Rechtskurve. Es fällt etwas, dann nehmen wir an der Verzweigung den rechten Weg, der uns bis vor *Rotenberg* bringt. Wir gehen kurz an den Häusern entlang, kommen ins Zentrum und biegen vor dem Haus mit dem Türmchen links ab in Richtung »Grabkapelle«.

Es geht kurz am Hang entlang, dann kommen wir zu der Abzweigung, an der es nach rechts hinauf zur *Grabkapelle* geht.

An Stelle der **Grabkapelle** stand bis 1819 die im 11. Jahrhundert von Konrad von Beutelsbach erbaute Stammburg der Württemberger. Die Reste der Burg wurden auf Befehl König Wilhelms I. 1819

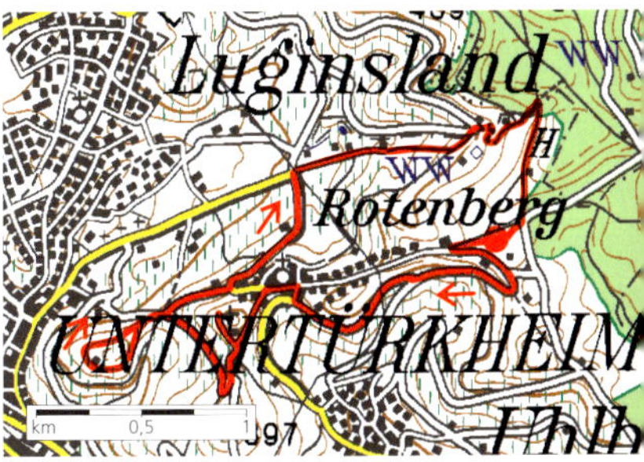

Die Grabkapelle auf dem Württemberg wurde zu Ehren von Königin Katharina (1788–1819) errichtet.

abgetragen, als er die Grabkapelle für seine plötzlich verstorbene Frau, Königin Katharina Pawlowna (1788–1819), einer russischen Großfürstin und Schwester Zar Alexanders I., erbauen ließ.

Nach der Besichtigung gehen wir hier geradeaus weiter. An der übernächsten Verzweigung biegen wir rechts ab, dann gleich wieder und spazieren bergab zu einem Platz mit einer *Hütte* und einem *Denkmal* zur Rebflurbereinigung (1973 bis 1976). Hier biegen wir links ab und gehen an der nächsten Kreuzung geradeaus weiter, hinauf auf den Bergvorsprung des *Mönchbergs,* den wir schon die ganze Zeit gesehen haben. Wir umrunden ihn und kehren wieder zu der *Hütte* zurück.

Wir spazieren links an ihr vorbei, jetzt mit den Zeichen roter Punkt und Neckarweg. Es steigt an bis zur Zufahrtsstraße nach Rotenberg, auf ihr wandern wir nach links bergab bis zu einer scharfen Linkskurve. Wir zweigen rechts ab und halten uns gleich wieder rechts, nun mit dem roten Kreuz (»Kappelberg« bzw. »zu Württembergstraße 199–207«). Nun steigt es an bis zu einem Querweg, er bringt uns nach links zu zwei *Häusern*. Hier geht es dazwischen auf einer steil ansteigenden Treppe weiter hinauf. Kurz darauf knickt der Weg rechts ab, dann links, und bringt uns zu einem asphaltierten Sträßchen.

Wir halten uns links und kommen in den Wald. Nach der Schranke steigen wir noch etwas an und kommen zu einer Kreuzung, hier biegen wir rechts ab. An der Verzweigung nach der steinernen *Schutzhütte* orientieren wir uns links und spazieren zum Wald. Rechts liegen der *Parkplatz* und links von ihm das *Freizeitgelände Egelseer Heide* mit Grillmöglichkeiten und einer herrlichen Aussicht.

Vom Wirt am Berg

Die Tochter eines Kaisers und ein einfacher Mann aus dem Volk liebten sich über alles. Da sie wussten, dass der Kaiser niemals seinen Segen dieser unstandesgemäßen Verbindung geben würde, beschlossen die Liebenden zu fliehen. Auf ihrer langen Flucht kamen sie schließlich ins Neckartal und zum Rotenberg, wo es ihnen sehr gefiel. Sie beschlossen daraufhin, sich hier niederzulassen, einen Weinberg zu kaufen und eine Herberge mit dem Namen »Wirt am Berg« zu eröffnen.

Nach vielen Jahren kam der Kaiser selbst einmal durch das Neckartal, und weil er müde und hungrig war, beschloss er, in einer Gaststube einzukehren. Die Wirtin erschrak zuerst furchtbar, als sie ihren Vater sah. Da er sie aber nicht erkannte, bereitete sie ihm mit allergrößter Sorgfalt seine Leibspeise zu. Als er so beim Mahle saß, wurde ihm beim Anblick der Frau und der lang entbehrten Speise ganz wunderlich ums Herz. Und als er tief seufzte, weil er an seine verlorene Tochter denken musste, gab sie sich zu erkennen und bat um Vergebung. Diese gewährte der Kaiser gerne, und weil er auch Gefallen an seinem Schwiegersohn und an dem hübschen Kind der beiden fand, schenkte er ihnen den Rotenberg und seine Weingüter und ernannte den Mann zum Grafen. Die Nachfahren der beiden wurden später die Herren von Württemberg.

- **Länge:**
  Etwa 7 ½ Kilometer.

- **Zeit:**
  Etwa 2 ½ Stunden.

- **Höhenunterschied:**
  Etwa 250 Meter.

- **Empfohlene Karte:**
  Stadtplan Stuttgart; Wanderkarte Rund um Stuttgart, Landesvermessungsamt Baden-Württemberg.

- **Einkehrmöglichkeit:**
  Rotenberg.

- **Grillmöglichkeit:**
  Egelseer Heide.

- **Sonstiges:**
  Die Heimatgeschichtliche Sammlung in Rotenberg ist von April bis Oktober an jedem ersten Sonntag im Monat von 14 bis 16 Uhr oder nach Vereinbarung geöffnet. Telefon (07 11) 42 63 75.

Die Erdmännlein am Lochenstein

Lochenpass – Lochenstein – Wenzelstein – Gespaltener Fels – Hoher Fels – Lochenpass

Bei dieser kurzen Tour besteigen wir erst den Lochenstein, danach kommen wir am Gespaltenen Fels vorbei. Es geht zwar kräftig auf und ab, insgesamt ist die Wanderung jedoch kurz und landschaftlich abwechslungsreich, so dass sie auch Kindern gefallen wird. Unterwegs hat man wunderbare Ausblicke.

- **Ausgangspunkt:**
  Lochenpass bei Balingen.

- **Wegverlauf:**
  Am Lochenpass folgen wir dem mit der roten Gabel markierten Weg hinauf zum kreuzgekrönten Lochensteinfelsen.

Die Erdleute vom Lochen

Am Lochen wohnten vor langer Zeit Erdmännlein. Sie kamen immer wieder nach Tieringen hinab in die Lichtstube, wo sie sich auf kleine Schemel zu Füßen der Spinnerinnen setzten und sich freundlich mit den jungen Leuten vom Dorf unterhielten. Man durfte sie aber während des Gesprächs auf keinen Fall nach ihrem Namen fragen. Und daran hielten sich auch alle.

Bis zwei freche Burschen eines Tages unbedingt hinter das Geheimnis kommen wollten. Als die Lichtmännlein um Mitternacht die Lichtstube wieder einmal verließen, folgten sie ihnen deshalb bis zu ihrer Behausung am Lochenstein. Dort hörten sie, dass das Weiblein zu seinem Mann »Isaak« sagte. Sie erzählten dies ihren Kameraden, und als die Erdleutlein das nächste Mal in die Spinnstube kamen, redeten sie den kleinen Mann mit seinem Namen an. Da verließen die Leutlein

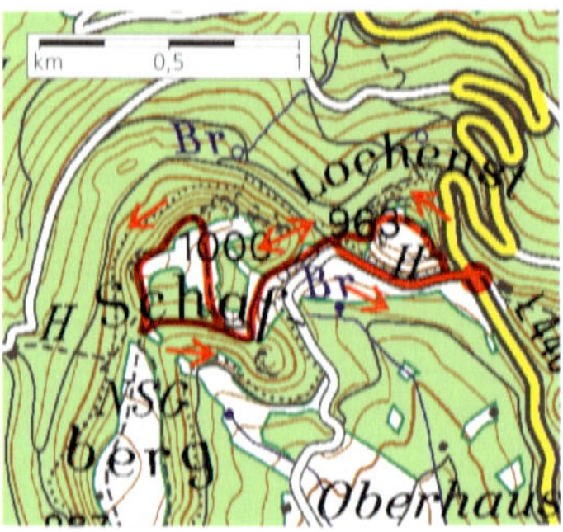

Der Lochenstein – geschichtsträchtig und sagenumwoben

traurig die Lichtstube und ließen sich nie mehr blicken.

Der **Lochenstein** (963 m) ist ein siebzig Meter senkrecht abfallender Schwammstotzen. Hier wurde früher eine frühgeschichtliche Opferstätte vermutet, die sich dann aber als Höhensiedlung entpuppte. Erste Funde reichen zurück bis in die Jungsteinzeit, von der jüngeren Hallstattzeit bis in die frühe La-Tène-Zeit bestand hier eine dorfartige Anlage, zur Römerzeit vielleicht eine Siedlung oder ein Wachtposten.

Danach gehen wir ab der Windrose auf dem nach Südwesten führenden Pfad hinab bis zu der Kreuzung vor der Heide. Wem das zu steil ist, der wandert auf dem Anstiegsweg zurück zum Parkplatz und hält sich dort rechts bis vor einen Rastplatz.

Hier folgen wir dem schräg den Hang hinaufziehenden Weg in Richtung »Plettenberg«. Links von uns sehen wir eine schöne Wacholderheide. Am Waldrand angekommen, können wir nach links auf den *Wenzelstein* gehen; hier befand sich vom 11. bis ins 13. Jahrhundert eine Burg. Ansonsten

Den Plettenberg »ziert« ein riesiger Sendemast.

nehmen wir auf den nach rechts abknickenden und unbefestigten Weg, der mit dem roten Dreieck markiert links der Bank und an der linken Hangkante hochzieht (wir folgen nicht dem Weg, der links davon relativ eben weiterführt). Er zieht bald etwas nach rechts, bringt uns dann aber geradeaus zum Trauf, wo wir den *Gespaltenen Fels* finden; auch er bietet uns einen schönen Blick.

Nun halten wir uns links und spazieren am Trauf entlang zum *Hohen Fels*, der uns eine neue Aussicht bietet. Ab nun geht es abwärts. Etwas später zweigt der Weg zum Plettenberg rechts ab, wir biegen aber gleich danach links ab und kommen wieder zum *Wenzelstein*. Nun geht es immer geradeaus zum *Ausgangspunkt* zurück.

- **Länge:**
  Etwa 3 Kilometer.

- **Zeit:**
  Etwa 1 Stunde.

- **Höhenunterschied:**
  Etwa 200 Meter.

- **Empfohlene Karte:**
  Freizeitkarte 526 Sigmaringen, Landesvermessungsamt Baden-Württemberg.

- **Sonstiges:**
  Pfade und Forstwege. An den Steilabbrüchen sollte man auf Kinder besonders aufpassen.

Im Gebiet der Wilden Urschel

Pfullingen – Übersberg – Mädlesfels – Elisenhütte – Urselberg – Pfullingen

Am Urselberg bei Pfullingen ist das Gebiet der Wilden Urschel, von der es viele Sagen gibt. Diese Wanderung führt uns aber zuerst zum Mädlesfelsen, der ebenfalls mit einer Sage verbunden ist. Die Höhepunkte dieser Tour sind die vielen Aussichtsstellen, von denen der Blick vom Mädlesfels nach Reutlingen mit der beherrschenden Achalm nur die Krönung ist.

- **Ausgangspunkt:**
  Pfullingen.

- **Wegverlauf:**
  Im Zentrum von Pfullingen bei der Kirche folgen wir mit dem Auto dem Wegweiser zum »Übersberg« und verlassen die Stadt. Vor dem Wald beim *Kinderspielplatz* finden wir einen Parkplatz, hier haben wir den ersten prächtigen Blick auf die Achalm. Wir folgen dann

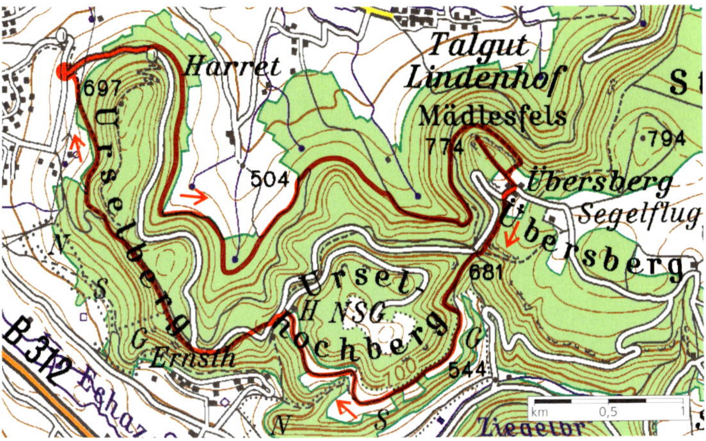

zu Fuß der Straße in den Wald hinein. Kurz nachdem rechts der Wolfsgrubenweg abgeht und die Straße eine leichte Rechtskurve beschreibt, nehmen wir den links abzweigenden Waldweg, der den Windungen des Urselberges folgt.

Die Wilde Urschel

Auf dem Urschelberg lebte lange Zeit eine verwunschene Frau, die von allen nur die »Wilde Urschel« genannt wurde. Sie zeigte sich den Leuten bald in weißen, bald in schwarzen Kleidern mit weißen Schuhen und roten Strümpfen, immer hatte sie aber einen Schlüsselbund bei sich.

Um von ihrem Fluch erlöst zu werden, pflanzte sie eines Tages eine Buche. Würde in ferner Zukunft aus dem Holz dieses Baumes eine Wiege gezimmert werden, könnte derjenige, der als Kind darin gelegen hatte, sie von ihrem Leid erlösen. Doch als er groß und kräftig war, wurde aus dem Baum nur Brennholz geschlagen. Und so pflanzte sie ein weiteres Mal eine Buche.

Als diese zweite Buche schließlich hoch und stattlich gewachsen war, wurde aus ihrem Holz tatsächlich eine Wiege gezimmert. Und der Junge, der darin schlief, kam später, als er älter war, oft auf den Urschelberg, um dort auf dem Feld zu arbeiten. Nicht lange und dem jungen Mann erschien die Wilde Urschel, die ihm fortan bei der Arbeit half und ihn manches Mal begleitete.

So vergingen die Jahre und irgendwann einmal erzählte die Wilde Urschel ihm, dass sie verwunschen sei und nur er sie erlösen könne. Und wie das vonstatten gehen sollte, erzählte sie ihm auch. Denn demnach würde sie ihm bald halb als Jungfrau, halb als Schlange erscheinen und er würde sie küssen, während ein schwarzer Pudel gar schrecklich gegen ihn anbellen würde. Gedankt würde ihm seine Tat mit einem ganzen Trog voller Gold.

Der Jüngling versprach ihr zu helfen, wollte aber zur Sicherheit Vater und Mutter an seiner Seite haben, wenn die Stunde käme. Das jedoch konnte die Wilde Urschel nicht dulden, und so unterblieb die Erlösung bis zum heutigen Tag.

Nach dem zweiten scharfen Taleinschnitt treffen wir auf den Sauhagweg, nach einem Rechtsknick geht es links am Waldrand entlang, jetzt sehen wir auch wieder zur Achalm. Wir gehen auf dem Hörnlesweg weiter, der nach einer Linkskurve auf den Harretweg trifft, ihm folgen wir nach rechts, nun mit den Zeichen blaues Dreieck und Burgenweg. Jetzt steigt es an. Den mit der blauen Raute rechts abzweigenden Weg nach »Übersberg« ignorieren wir und gehen geradeaus weiter in Richtung »Mädlesfels«. Wir überqueren den Mädchenhaldeweg, kurz danach geht der Weg in einen Pfad über, der uns, am Schluss im Zickzack, hinauf auf die Albhochfläche bringt.

Vor uns sehen wir schon den *Hof Übersberg*. Wir gehen rechts am Weidezaun entlang bis zu einem Querweg. Eigentlich müssen wir nach links zu den Gebäuden gehen, erst sollten wir aber einen Abstecher nach rechts zum aussichtsreichen *Mädlesfels* (774 m) machen.

Die Sage vom Mädlesfels

Als einmal vor langer Zeit ein hübsches Mädchen am Albtrauf spazieren ging, traf sie auf einen Jäger, der nichts Gutes im Sinn hatte. In schrecklicher Ahnung, dass dem so sei, lief das Mädchen immer schneller und erreichte schließlich einen steilen Felsabhang. Dort wollte der Jäger schon nach dem Mädchen greifen, da sprang sie, verzweifelt, wie das Mädchen war, hinab in die Tiefe.

Dort unten aber kam sie wunderbarerweise ganz wohlbehalten an und konnte ihren Weg fortsetzen. So glaubte der Jäger, dass auch er den Sprung wagen könne, und setzte ihr nach. Ihm aber war ein anderes Schicksal bestimmt. Denn der Jäger stürzte direkt in den Tod.

Jetzt gehen wir zum *Hof Übersberg* und halten uns rechts. Nach kurzem Abstieg auf dem Sträßchen zweigen wir mit dem blauen Dreieck links ab und gehen steil hinab, bis wir wieder auf die Straße treffen. Nach dem Sattel zweigen wir mit dem blauen Dreieck links ab (Imenbergweg).

Vor einer Rechtskurve des Waldweges zweigen wir mit dem Zeichen erneut links ab, nun wandern wir mit prächtiger Sicht auf die gegenüberliegenden Höhen weiter bis zur Verzweigung *Imenberg* (660 m). Hier gehen wir auf

Entlang des Urselbergs führt ein schöner Wanderweg.

Blick vom Mädlesfels auf das Albvorland mit der Achalm

dem rechts vom abfallenden Sauhagweg verlaufenden Wanderweg weiter. Er bringt uns fast eben zur *Elisenhütte* (676 m). Wir halten uns links zur Zufahrtsstraße, hier folgen wir dem blauen Dreieck, das die Straße abkürzt und uns auf einem Pfad zur *Ernsthütte* (663 m) bringt. Nun haben wir wieder einen schönen Blick auf Unterhausen.

Wir folgen dem mit dem blauen Dreieck markierten Pfad in Richtung »Hörnle«, erst am Trauf entlang, dann durch den Wald, bis zu einem breiten Weg (Alte Steige). Auf ihm gehen wir nach links und zweigen an seiner Linkskurve rechts ab auf einen Pfad. Immer bergab gehend wandern wir zurück zum *Ausgangspunkt*.

- **Länge:**
  Etwa 11 Kilometer.

- **Zeit:**
  Etwa 3 ½ Stunden.

- **Höhenunterschied:**
  Etwa 360 Meter.

- **Empfohlene Karte:**
  Freizeitkarte 523 Tübingen Reutlingen, Landesvermessungsamt Baden-Württemberg.

- **Einkehrmöglichkeit:**
  Übersberg.

- **Sonstiges:**
  Wir wandern auf Waldwegen und Pfaden.

Tiefe Höhlen, schwarze Vögel

Schlattstall – Ruine Sperberseck – Strohweiler – Schrecke – Schlattstall

Bei dieser Tour steigen wir zuerst hoch zur Ruine Sperberseck, von der jedoch nur noch wenige Reste zu sehen sind. Beeindruckender sind danach die Felsformationen der Großen und der Kleinen Schrecke sowie das Goldloch, beides Schauplätze von Sagen.

- **Ausgangspunkt:**
  Lenningen-Schlattstall.

- **Wegverlauf:**
  Wir parken auf dem ersten Parkplatz in *Schlattstall*. Dann gehen wir zurück zur nach Gutenberg führenden Straße und folgen ihr mit dem Wanderzeichen rote Gabel nach rechts. Wo wir links einen Kanal abgehen sehen und die Straße eine leichte Linkskurve macht, zweigen wir auf den rechts abgehenden Naturweg ab. Auf ihm wandern wir am Waldrand, dann etwas an der Straße entlang, bis der Naturweg uns wieder hinab zur Straße bringt.

  Etwas nach rechts versetzt biegen wir gleich darauf rechts ab (rote Gabel in Richtung »Sperberseck«. Wir wandern nun entlang des Baches durch das *Donntal*. Nachdem wir den Bach nach rechts überquert haben, kommen wir an das Ende der Lichtung. Hier halten wir uns an der Verzweigung vor dem Wald rechts (»Sperberseck«), im Wald dann mit dem gelben Dreieck links. Nun steigt es im Zickzack an. Schließlich können wir nach links einen Abstecher zur *Ruine Sperberseck* machen.

Die **Burg Sperberseck** wurde im 12. Jahrhundert von den Herren von Sperberseck erbaut und um 1525 im Bauernkrieg zerstört. Von der einst etwas über zwanzig Meter langen und drei Meter starken Schildmauerburg ist noch ein großes Mauerstück über dem breiten Graben erhalten.

Anschließend folgen wir dem Wanderweg weiter. Wir verlassen den Wald und wandern über eine kleine Lichtung wieder in den Wald, kurz danach kommen wir aber hinaus in die Wiesen und Felder vor Böhringen. Wir gehen bis zu einer Kreuzung, hier nehmen wir den zweiten nach rechts abgehenden Weg, der uns zu einem großen *Hof* bringt.

Wir biegen vor ihm rechts ab, nach ihm noch einmal. Kurz danach biegen wir links ab und wandern immer geradeaus weiter, schließlich am Waldrand entlang. Unser Weg zieht letztlich nach links, hier endet der Wald und wir biegen im spitzen Winkel rechts ab. Nach etwa 250 Metern biegen wir links auf einen anfangs unscheinbaren Wiesenweg ab. Er geht in einen Schotterweg über, der uns zur Straße bringt, auf der wir nach *Strohweiler* marschieren.

Im Ort biegen wir an einer Kreuzung mit Brunnen links in die Grabenstetter Straße ab. Vor dem *Fachwerkhaus* mit dem Türmchen halten wir uns rechts in Richtung »Schröcke«, auch die Wanderwegbezeichnung »8« sehen wir ab und zu. Wir kommen in den Wald, hier bleiben wir nach der scharfen Rechtskurve auf dem oberen, breiteren Weg. Er zieht nach links, danach nehmen wir den rechts abgehenden Pfad, der durch ein felsiges Trockental führt. Er ist später mit dem gelben Dreieck markiert.

Es geht erst etwas abwärts, dann vor einem senkrecht abfallenden Fels mit einem torartigen Durchblick nach links etwas hinauf. An der Verzweigung gleich darauf halten wir uns mit dem gelben Dreieck rechts. Es geht hinab zur *Kleinen Schrecke,* danach auf einem Pfad, später einem breiten Weg, zurück nach Schlattstall. Wer will, kann an der Verzweigung auch mit dem Zeichen rote Gabel nach links hinaufgehen. Wir wan-

Der Aufstieg führt durch das stille Donntal.

dern am Steilhang entlang zum *Schreckenfels* (681 m). Kurz darauf stoßen wir auf einen Forstweg, in den wir rechts einbiegen, gleich danach zweigen wir mit der roten Gabel rechts ab.

Die beeindruckenden Felsformationen der **Großen** und der **Kleinen Schrecke** oberhalb des malerisch im Lenninger Tal gelegenen Schlattstall haben nicht umsonst diesen Namen – er kommt von mittelhochdeutsch »schrecken« (= in Schrecken versetzen). Und so ist es tatsächlich: Aus einer wilden Waldschlucht mit riesigen, romantisch bemoosten Felsen winden sich schmale Pfade, die bei Nässe recht schmierig und rutschig sein

können, die Große und die Kleine Schrecke empor. Besucht man dieses eindrucksvolle Stück Schwäbische Alb bei einer Wanderung mit Kindern, kann man ihnen erzählen, dass vor langen Zeiten hier der Riese Hermel mit seinen ungeheuren Kräften gehaust haben soll.

Nun geht es gemütlich zurück nach *Schlattstall*. Hier werden wir nach rechts erst zur *Lauterquelle*, danach zum *Goldloch* verwiesen.

Der Schatz im Goldloch

Hinter dem Goldloch sollen tiefe Höhlen verborgen liegen, in denen an einem unterirdischen See riesige schwarze Vögel mit spitzen Schnäbeln leben. Ein Schäfer, der sich eines Tages auf der Albhochfläche aus Neugierde in einen Felsspalt gezwängt hatte und dann in der Höhle bis zu einem See gekrochen war, hatte die Vögel mit eigenen Augen gesehen. Der Anblick der Bestien war aber so fürchterlich, dass er froh war, als er unversehrt und nach vielen Mühen wieder einen Ausgang gefunden hatte.

Lange erzählte er niemandem von seinem Erlebnis. Eines Tages, bei einem Zechgelage, war ihm die Zunge aber so leicht geworden, dass er einem Knecht sein Geheimnis doch verriet. Dieser war ein mutiger Bursche und ging am nächsten Tag sogleich in die Höhle, um nachzusehen, ob der Schäfer ihm ein Ammenmärchen auf-

getischt hatte. Doch auch der Knecht sah die Vögel, die ihn aber, anders als den Schäfer, nicht schreckten. Und so ging er immer weiter, bis er schließlich einen Raum erreichte, dessen Wände schimmerten, als wären sie aus purem Gold. Er brach sich einen funkelnden Tropfstein ab und machte sich auf den Rückweg.

Unterwegs vernahm er auf einmal ein Geräusch, das ihm bekannt vorkam – ihm war, als klappere die Mühle in Schlattstall. So ging er dem Geräusch nach und kam tatsächlich an der Mühle von Schlattstall wieder ans Tageslicht. Und als er den abgebrochenen Zapfen bei Licht betrachtete, erkannte er, dass er tatsächlich aus purem Gold war.

Den Tropfstein verkaufte er und erhielt dafür so viel Geld, dass er sich selbst eine Mühle kaufen konnte. Bevor er aber wegzog, vertraute er sein Geheimnis einem anderen Knecht an, der nicht lange wartete und selbst in die Höhle ging. Der zweite Knecht erschrak aber vor den Vögeln so sehr, dass er sich nur unter großer Mühsal nach Hause schleppen konnte und kurz darauf starb. Das Geheimnis aber, wo das Gold zu finden ist, nahm er mit ins Grab.

Im Goldloch haben einst Goldsucher ihr Glück gesucht.

■ **Länge:**
Etwa 12 Kilometer.

■ **Zeit:**
Etwa 3 ½ Stunden.

■ **Höhenunterschied:**
Etwa 400 Meter.

■ **Empfohlene Karte:**
Freizeitkarte 524 Bad Urach, Landesvermessungsamt Baden-Württemberg.

■ **Einkehrmöglichkeit:**
Schlattstall.

■ **Sonstiges:**
Die Tour verläuft auf Pfaden, Forst- und Feldwegen.

Die geheimnisvolle Sibyllenspur

Owen – Teck – Sattelbogen – Brucken – Owen

Besonders schön ist diese Tour im Frühling, wenn es in den Streuobstwiesen blüht. Aber auch zu anderen Jahreszeiten entfaltet diese Wanderung ihre Reize: Wir besuchen eine, vielleicht sogar zwei Burgen, wir können eine Höhle besichtigen und immer wieder erreichen wir auf dieser Wanderung schöne Aussichtspunkte.

- **Ausgangspunkt:**
  Owen.

- **Wegverlauf:**
  Wir folgen in *Owen* mit dem Auto der zur »Teck« führenden Straße und parken gleich nach den Häusern. Dann wandern wir auf der Straße weiter bis zu einer scharfen Rechtskurve, hier gehen wir geradeaus. Nun umrunden wir den kahlen Hohenbol, bis wir am Waldrand auf einen querenden, mit dem blauen Dreieck markierten Wanderweg stoßen. Auf ihm steigen wir im Zickzack und durch eine Allee von alten Bäumen hinauf zum *Parkplatz Hörnle*. Nun halten wir uns rechts und kommen in den Wald – der hier den Namen »Sibyllenhalde« trägt –, das rote Dreieck führt uns jetzt zur *Burg*.

Direkt unterhalb der Burg Teck liegt die Sibyllenhöhle.

Die **Burg Teck** wurde 1152 in einem Vertrag zwischen Kaiser Friedrich Barbarossa und Herzog Konrad von Zähringen erstmals erwähnt. Die alte Burg wurde im Bauernkrieg 1525 zerstört. 1736 wollte sie Herzog Karl Alexander zur Landesfestung ausbauen, was jedoch sein früher Tod vereitelte. Ab 1738 wurden die Reste der Burg abgetragen. Einige Gebäude wurden 1889 wieder aufgebaut. 1941 erwarb der Schwäbische Albverein die Anlage, der sie 1955 zu ihrem heutigen Erscheinungsbild ausbaute.

Der erste Aussichtsturm wurde 1889 erbaut und war eigentlich der Auslöser für die Gründung des Schwäbischen Albvereines, da seinem Erbauer, dem Verschönerungsverein Kirchheim, das Geld ausging und er sich Hilfe suchend an die anderen Verschönerungsvereine auf der Alb wandte. Dabei schlug der Esslinger Arzt Valentin Salzmann eine »gemeinschaftliche Beratung«, auch in Sachen »Wegweiser, Bänke, Schutzhütten« vor. Dies führte dann letztendlich zur Gründung des Schwäbischen Albvereines, der Ende 1888 aus der Taufe gehoben wurde.

Ein Kuriosum: Das englische Königshaus ist mit den Herzögen von Teck verwandt, denn auch das Geschlecht der englischen Königin geht zurück auf Uta von Wertheim, Tochter des Herzogs Friedrich von Teck († 1390). Seit Carl Alexander (1684–1739) sind auch die württembergischen Herzöge mit den einstigen Herzögen von Teck und somit mit dem englischen Königshaus verwandt.

Nach der Besichtigung und vielleicht einer Einkehr verlassen wir die Anlage wieder. Gleich neben

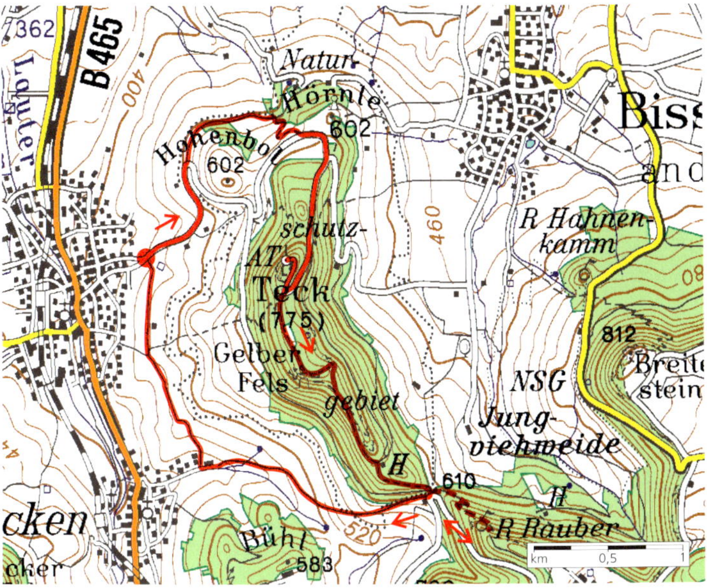

Auch heute noch erkennt man von der Teck herab oder aus der Luft die Sibyllenspur in den Feldern (die Streifen in der Bildmitte).

dem Burgeingang können wir, der Beschilderung folgend, in wenigen Minuten auf einem Steig hinab zur sagenumwobenen *Sibyllenhöhle* gehen.

Die Sibyllenspur

Einst lebte in einer Höhle unterhalb der Burg Teck eine schöne, weise Frau mit besonderen Gaben. Sie konnte die Zukunft voraussagen und Krankheiten auf manche Art heilen. Sie war eine gute Frau, außerdem reich, mächtig und hilfsbereit. Und weil sie mit ihrer Kunst den Menschen der Umgebung so manches Mal in großer Not half, kamen viele zu ihr, Kranke wie Arme.

Ihre drei Söhne aber waren von ganz anderem Schlag. Sie waren wilde und böse Raubritter, die die Menschen quälten und ihnen ihr Hab und Gut nahmen, wo es nur ging; fremde Kaufleute wurden von ihnen überfallen, ausgeraubt und so lange eingesperrt, bis genug Lösegeld bezahlt war.

Zuerst wohnten die Brüder gemeinsam in einer Burg auf dem Wielandstein. Doch bald zerstritten sie sich und gingen fortan getrennte Wege. Der eine baute sich auf dem

Teckberg eine Burg, der andere auf dem Diepoldsstein und der dritte blieb auf Wielandstein. Der schlimmste der drei Brüder war der jüngste, der sich den Diepoldsstein zum Wohnsitz erkoren hatte.

Dieser wurde deshalb auch Rauber genannt. Er bestahl sogar seine Brüder und seine Mutter, die in ihrem Kummer über ihre missratenen Söhne nicht mehr aus noch ein wusste, und auch all ihre Künste halfen ihr dabei nicht. So packte sie eines Tages ihre Sachen und zog fort. Sie spannte ihre schwarzen Katzen vor die Kutsche und flog durch die Lüfte davon.

Zur Erinnerung hat sie den Bauern aber dort, wo ihre Kutsche das letzte Mal den Boden berührt hatte, eine besonders fruchtbare Erde hinterlassen. Und noch heute ist die Spur ihrer Kutsche ab Pfingsten bis zur Getreideernte im Korn zu sehen.

~

1976 hat man die mehrere hundert Meter lange **Sibyllenspur,** die von der Burg Teck oder aus der Luft gut zu erkennen ist, besonders deutlich gesehen und daraufhin Nachforschungen unternommen. 1982 fand man schließlich einen Pfostengraben und ein 60 auf 60 Meter messendes römisches Kleinkastell.

Der Name **Sibyllenhöhle** wurde 1531 erstmals genannt. In der Höhle hat man rund 2000 Skelettreste von Höhlenlöwen und Höhlenbären gefunden.

Anschließend folgen wir dem Steig weiter und stoßen auf den Anstiegsweg zur Ruine. Wir gehen noch etwas bergab bis zu seinem Linksknick, hier halten wir uns erst rechts, dann gleich wieder links und marschieren weiter mit dem Wanderzeichen rotes Dreieck in Richtung »Sattelbogen«. Vorbei am Aussichtspunkt beim *Gelben Fels* geht es abwärts zum *Sattelbogen.* Wer will, kann hier noch zur *Ruine Rauber* aufsteigen, angezeigt sind 1,5 Kilometer.

Von den beiden **Ruinen Obere** und **Untere Diepoldsburg (Rauber)** wurde die Obere Burg ab 1210 genannt. 1297 gehörte sie den Herzögen von Teck, die sie 1303 an Österreich verkauften. 1406 kam sie an das Haus Württemberg, dabei wurde auch die Untere Burg erstmals genannt. 1624 tauchte erstmalig der Name Rauber auf. 1535 wurde der Platz bereits als Burgstall bezeichnet. Von der Oberen Burg sind Reste der Schildmauer erhalten, zur Unteren Burg führt eine Holzbrücke über den Halsgraben.

Ansonsten hält man sich am Sattelbogen rechts und marschiert auf dem Sträßchen abwärts. An der Verzweigung gleich danach halten wir uns mit der roten Gabel rechts in Richtung »Brucken«. Am Ortsanfang orientieren wir uns rechts in den Felsenweg. Er zieht gleich darauf rechts hinauf; wo es nicht mehr geradeaus weitergeht, biegen wir vor den Wiesen links ab. Nun steigt es erst an, dann halten wir uns an

Die Burg Teck erhebt sich über blühenden Obstbaumwiesen.

der Verzweigung an den linken, ebenerdig weiterführenden Weg.

Nun marschieren wir relativ eben über dem Lenninger Tal immer geradeaus, bis wir auf das Zufahrtssträßchen zur Teck stoßen. Links liegt der *Parkplatz*.

- **Länge:**
  Etwa 8 Kilometer, ohne Ruine Rauber.

- **Zeit:**
  Etwa 2 ½ Stunden, ohne Ruine Rauber.

- **Höhenunterschied:**
  Etwa 420 Meter, ohne Ruine Rauber.

- **Empfohlene Karte:**
  524 Bad Urach Landesvermessungsamt Baden-Württemberg.

- **Einkehrmöglichkeit:**
  Teck.

- **Sonstiges:**
  Wir wandern auf Natur- und geschotterten und asphaltierten Wegen.

Auf der Suche nach den Nonnen im Moor

Otto-Hoffmeister-Haus – Mönchberg – Randecker Maar – Otto-Hoffmeister-Haus

Diese Tour bietet viel Interessantes, das auch Kinder ansprechen wird: Mit der Torfgrube (Schopflocher Moor) und dem Randecker Maar werden wir zwei Hinterlassenschaften der vulkanischen Geschichte der Schwäbischen Alb besichtigen.

- **Ausgangspunkt:**

Otto-Hoffmeister-Haus bei Bissingen an der Teck-Ochsenwang.

- **Wegverlauf:**

Wir spazieren vom *Otto-Hoffmeister-Haus* aus nach Süden bis zu einem Baum, unter dem sich ein *Kreuzstein* befindet. Davor sehen wir rechts in der Wiese eine große Doline. Wir biegen links ab, kommen zur Landstraße und gehen nach ihr noch kurz geradeaus weiter bis zu einem Gehölz. Hier halten wir uns links und kommen zu einem *Grillplatz,* danach wandern wir geradeaus ein Stück durch den Wald zu einem *Parkplatz,* wo wir uns rechts orientieren.

Am Ende des Parkplatzes biegen wir links ab, kurz danach, vor den Waldstücken, halten wir uns links, dann gleich wieder rechts. Wir wandern vorbei an Wiesen und durch Waldstücke, danach gehen wir links hinab zur bereits sichtbaren *Ziegelhütte.* Durch die Ansiedlung hindurch kommen wir zum oberen Rand des *Randecker Maars.*

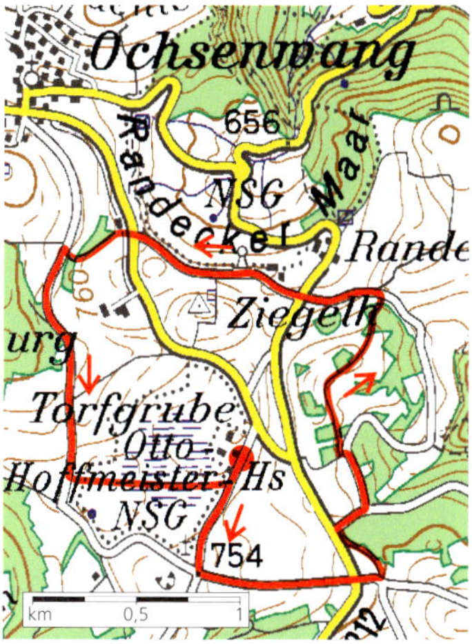

Das **Randecker Maar** ist ein Trichter des ehemaligen Kirchheim-Uracher (oder Schwäbischen) Vulkans. Es hat bei einer Tiefe von sechzig Metern einen Durchmesser von 1,2 Kilometer. Vom Weg oberhalb hat man eine schöne Sicht in den Trichter mit seinen Felsbrocken, und über dem Einschnitt, den der das Maar entwässernde Zipfelbach gegraben hat, sieht man zur Pyramide der Limburg – ebenfalls ein ehemaliger Vulkan.

Wir spazieren geradeaus weiter bis zur Landstraße, dahinter nehmen wir den durch die Wiesen ziehenden Weg, der uns nach einem kurzen Anstieg zu dem von Ochsenwang kommenden Querweg bringt.

Wir biegen links ab und wandern bis kurz vor einen asphaltierten Querweg, hier biegen wir links auf den Naturweg ab. Er bringt uns zu dem Bohlenweg, der durch die Torfgrube zum *Otto-Hoffmeister-Haus* führt.

Die versunkene Stadt

Im Schopflocher Moor gab es früher eine Stadt, die eines Tages mit Mann und Maus im Boden versunken war. Der Grund dafür war folgender: In dieser Stadt lebten nämlich drei Nonnen, von denen eine blind war. Die Nonnen waren aber nicht arm, wie es sich für rechtschaffene Ordensschwestern gehört, sondern sehr reich, und eines schönen Tages wollten sie ihr Geld unter sich aufteilen.

Dazu nahmen sie ein Schäufelchen, mit dem sie sich abwechselnd ein Maß aus ihrem Geldschatz zuteilten. Immer aber, wenn die Blinde an der

Blick durch das Randecker Maar zur Limburg (Bildmitte)

Reihe war, drehten die anderen beiden die Schaufel um, so dass die Blinde nur das an Münzen bekam, was auf die flache Schaufelrückseite passte. Zur Beruhigung ihrer Mitschwester ließen sie die Blinde immer wieder über die Münzen tasten, und diese fand auch nichts auszusetzen. Schließlich aber wurde sie doch misstrauisch und sie rief: »Wenn ihr mich betrügt, so soll die ganze Stadt mit euch untergehen!«

Und so geschah es: Kaum war die Teilung beendet, versank die ganze Stadt. Nur einen Hahn hat man noch drei Tage lang krähen hören.

Durch das Schopflocher Moor führt ein Bohlenpfad.

Das **Schopflocher Torfmoor** ist das einzige größere Hochmoor der Schwäbischen Alb und ist durch Verwitterung von Basalttuff eines Vulkans entstanden. Vom 16. bis ins 20. Jahrhundert wurde hier Torf gestochen.

- **Länge:**
  Etwa 6 Kilometer.

- **Zeit:**
  Etwa 1 ½ Stunden.

- **Höhenunterschied:**
  Etwa 100 Meter.

- **Empfohlene Karte:**
  Freizeitkarte 521 Göppingen, Landesvermessungsamt Baden-Württemberg.

- **Einkehrmöglichkeit:**
  Otto-Hoffmeister-Haus, Ziegelhütte.

- **Grillmöglichkeit:**
  Nach dem Otto-Hoffmeister-Haus.

- **Sonstiges:**
  Wir wandern auf festen Wegen.

Beim schrecklichen Drachen auf der Limburg

Parkplatz – Limburg – Weilheim – Parkplatz

Diese Wanderung ist besonders schön im Frühjahr, wenn Abertausende von Kirschbäumen in der Gegend um Weilheim blühen. Die Wanderung führt nicht nur zu einem Sagenschauplatz, sondern auch zu einer historisch bedeutenden Stätte, ist hier doch die Wiege des Zähringergeschlechts. Überdies ist die Limburg botanisch interessant. Hier finden sich im südlichen Bereich Weinberge und oben auf dem Berg wächst in einer schönen Wacholderheide sogar der Deutsche Enzian.

■ **Ausgangspunkt:**
Parkplatz zwischen Weilheim an der Teck und Neidlingen, alternativ Weilheim Friedhof.

■ **Wegverlauf:**
Am *Parkplatz* fließen die Lindach und der Zipfelbach zusammen. Wir überqueren den Bach

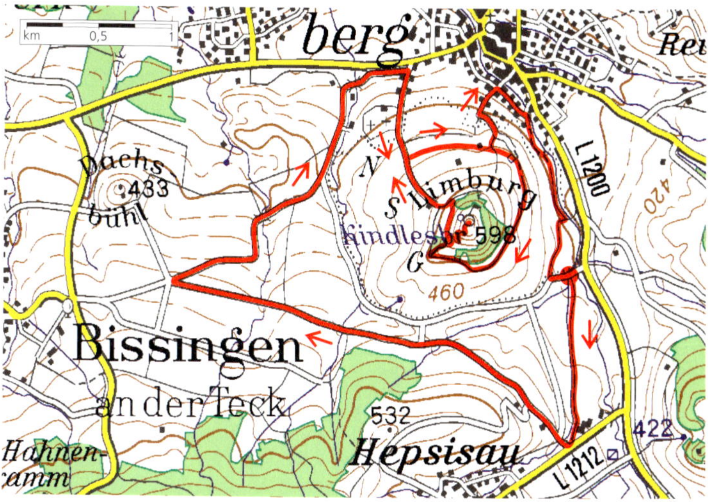

und biegen dahinter links ab. Nun wandern wir entlang des Zipfelbachs bis zu einem *Gewerbeanwesen* vor einer Landstraße. Wir biegen rechts ab, gleich danach noch einmal (»Hungerberg«). Von den drei Wegmöglichkeiten nehmen wir nun den mittleren Weg, der als Radweg in Richtung »Kirchheim« markiert ist. Wir wandern auf ihm, bis er auf ein Sträßchen trifft, hier biegen wir rechts ab (Radwegschild nach *Weilheim*).

Das Sträßchen zieht später nach links und bringt uns zur nach Nabern führenden Landstraße. Etwas rechts davon folgen wir der Straße Weinsteige in Richtung »Parkplatz Friedhof Weinsteige Naturlehrpfad Limburg« nach rechts hinauf. Am *Friedhof* – wo wir übrigens auch parken und die Tour beginnen könnten – finden wir die erste der Lehrtafeln mit einem Übersichtsplan der Limburg. Nun folgen wir der Weinsteige bergauf, bis wir nach links auf den »Lehrpfad« und zu einer Tafel verwiesen werden.

Die **Limburg** ist ein übrig gebliebener Pfropfen, ein Vulkanschlot, des ehemaligen Schwäbischen Vulkans. Der Berg ist größtenteils von Streuobstwiesen bedeckt, auf seiner Südseite wird seit etwa 1100 Wein angebaut, und auf der Kuppe findet man Magerrasen mit Silberdisteln und Deutschem Enzian. In der Mittleren Steinzeit diente die Limburg den Menschen als Kultstätte, in der Jungsteinzeit als Wohnstätte. Um 1050/60 errichtete der Zähringer Berthold I. der Bärtige eine Burg auf dem Berg und im nahen Weilheim eine Propstei, die er zum Hauskloster des Geschlechts ausbauen wollte. 1078 starb er; die Burg wurde im Krieg gegen Heinrich IV. zerstört. Ein neuer Bau existierte nur bis 1150, als die Zähringer ihren Wohnsitz in den Breisgau verlegten. 1093 gründete sein Sohn Berthold II. dort das Benediktinerkloster St. Peter. 1500 wurde auf dem Berg eine Michaelskapelle errichtet, die aber 1557 in den Wirren der Reformation wieder zerstört wurde.

Wir folgen dem Lägelerweg, später der Mönchsteige, diesen Weg nehmen wir auch beim Rückweg von der Limburg. Die Mönchsteige knickt später nach rechts ab und wir umrunden die Limburg, bis der asphaltierte Lehrpfadweg nach rechts abknickt. Nun kommen wir an Weinbergen vorbei. Wo sie enden und ein Waldstück anfängt, gehen wir nach rechts steil bergauf. Nach dem Wäldchen geht es auf dem Christian-Kazmeier-Wegle, einem schmalen Steig, im Zickzack bergauf zum Gipfel der *Limburg* (598 m).

Der Lindwurm auf der Limburg

Auf der Limburg lebte einst ein gefräßiger Lindwurm, weshalb man zuweilen noch heute den Berg Lindberg nennt. Und auch die nahe gelegene

Abertausende von Kirschbäumen verwandeln die Gegend um die Limburg im Frühjahr in ein weißes Blütenmeer.

Lindach erinnert an das schreckliche Ungeheuer. Oft suchte der Lindwurm die umliegenden Dörfer heim und fraß dort wahllos die Bauern. Das böse Treiben wurde schließlich so schlimm, dass der Kaiser befahl, man solle dem Ungeheuer jeden Tag zwei Menschen zu fressen geben, einen morgens, einen abends, so dass wenigstens alle übrigen Bewohner geschützt seien.

Weil der Appetit des Lindwurms aber unstillbar war, wurde die Gegend im Laufe der Jahre dennoch fast ganz entvölkert, und die Letzten ließen das Los entscheiden, wer dem Drachen zur Mahlzeit dienen sollte. Und so kam es, dass eines Tages das Los auf des Kaisers Töchterlein fiel.

Als die Stunde aber gekommen war, dass die Prinzessin dem Lindwurm übergeben werden sollte, sprengte ein Ritter auf seinem Schimmel heran und versprach, das Untier zu töten, wenn er nur die Jungfrau zur Gemahlin bekäme. Und weil der Kaiser ihm dies gerne versprach, legte der Jüngling sogleich die Lanze an und ritt auf den Lindwurm zu, um ihn zu durchbohren. Von der Hochzeit des Ritters und der Prinzessin aber, die daraufhin stattfand, wurde noch viele Jahre im ganzen Land erzählt.

Danach steigen wir wieder hinab bis zu dem Wäldchen und biegen hier rechts auf den breiten Gras-

An der Limburg wächst sogar der Deutsche Enzian.

weg ab. Er knickt nach einiger Zeit links ab und bringt uns zu einem Asphaltweg, der zurück in Richtung »Parkplatz Weinsteige« führt. Wir folgen ihm aber nur so lange bergab, bis der uns noch vom Anfang her bekannte Lägelerweg rechts abgeht. Auf ihm gehen wir bis zu einer Kreuzung, an der wir links abbiegen.

Wir erreichen bald die ersten Häuser von *Weilheim* und gehen bis zu einer Kreuzung, an der wir mit dem Radwegschild nach »Hepsisau« nach rechts verwiesen werden. Vor dem Bach halten wir uns mit dem Wanderzeichen blaues Dreieck rechts, umgehen die *Obere Mühle* – die noch ein großes Mühlrad hat – rechts und spazieren erst auf einem schmalen Pfad, dann auf einem breiten Feldweg weiter. Bald zweigt der markierte Wanderweg als Pfad rechts vom Feldweg ab, etwas später gehen wir wieder auf einem Feldweg, bis wir auf ein Asphaltsträßchen treffen. Nach links bringt es uns zurück zum *Ausgangspunkt*.

- **Länge:**
  Etwa 10 ½ Kilometer.

- **Zeit:**
  Etwa 3 ½ bis 4 Stunden.

- **Höhenunterschied:**
  Etwa 310 Meter.

- **Empfohlene Karte:**
  Freizeitkarte 524 Bad Urach, Landesvermessungsamt Baden-Württemberg.

- **Einkehrmöglichkeit:**
  Weilheim.

- **Sonstiges:**
  Die Tour verläuft vorwiegend auf festen Wegen, kurze Stücke auch auf Pfaden.

Beim Riesen Heim auf Burg Reußenstein

Neidlingen – Heimenstein – Bahnhöfle – Ruine Reußenstein – Neidlingen

Die Kirschbaumblüte um Neidlingen herum ist legendär – im Frühjahr sehen die Hänge mit den Abertausenden von Bäumen wie mit weißem Schnee überzuckert aus. Ein Ziel dieser Wanderung ist die Ruine Reußenstein, eine Ritterburg wie aus dem Bilderbuch. Unterwegs und von der Ruine aus haben wir immer wieder einen herrlichen Blick ins Tal.

- **Ausgangspunkt:**
  Neidlingen.

- **Wegverlauf:**
  Wir fahren mit dem Auto vom Rathaus aus durch die Kirchstraße zum *Parkplatz Braike* am Ortsende. Hier wandern wir geradeaus in das Tal hinein. Wo der mit dem Wanderzeichen blaues Dreieck markierte Weg links abknickt, halten wir uns an den rechten, breiten Weg. Er verläuft erst relativ eben, dann steigt er an zum Waldrand. Hier zieht er erst nach rechts, im Wald dann nach links, und wo er eine Rechtskurve beschreibt, gehen wir geradeaus weiter, nun leicht fallend.

  An einem Taleinschnitt mit einem Wasserlauf nehmen wir den schmalen Steig, der rechts steil hoch führt, erst geradeaus, dann in Serpentinen. Oben angekommen, biegen wir vor der Wiese links ab und

Die Ruine Reußenstein ist eine Ritterburg-Ruine wie aus dem Bilderbuch.

wandern am Trauf entlang. Bald treffen wir auf einen breiten Forstweg, schließlich sehen wir auch das Wanderzeichen rotes Dreieck. Kurz bevor wir auf einen anderen Forstweg treffen, zweigen wir links ab auf einen Pfad (»Bahnhöfle über Heimenstein«). Am nächsten breiten Weg, auf den wir treffen, halten wir uns links zu einer *Hütte* und einem Aussichtspunkt, danach geht es rechts weiter. Nach einiger Zeit erreichen wir den als Naturdenkmal ausgewiesenen *Heimenstein*. Interessant, besonders für Kinder, ist der Höhleneingang. Die Höhle ist allerdings während der Brutzeit (1. Januar bis 31. Juli) geschlossen.

Nach dem Heimenstein gehen wir erst auf einem Pfad am Trauf, dann auf einem breiten Weg zum *Bahnhöfle*. Hier nehmen wir nach dem Aussichtspunkt nicht den breiten, abwärts führenden Weg, sondern den Steig, der rechts von ihm mit dem roten Dreieck hinauf zur Landstraße führt. Wir folgen ihr kurz, dann zweigen wir links auf einen Pfad ab, auf dem wir bis zur *Ruine Reußenstein* wandern.

Vom Riesen Heim

Gegenüber der kühn auf einem Felsen thronenden Ruine Reußenstein ragt der Heimenstein empor. Dort lebte einst in einer Höhle der Riese Heim. Da er aber selbst für einen Riesen außergewöhnlich groß war, wurde ihm die Höhle eines Tages zu klein. Da dachte er bei sich, er könne doch auf dem gegenüberliegenden Felsen eine Burg errichten.

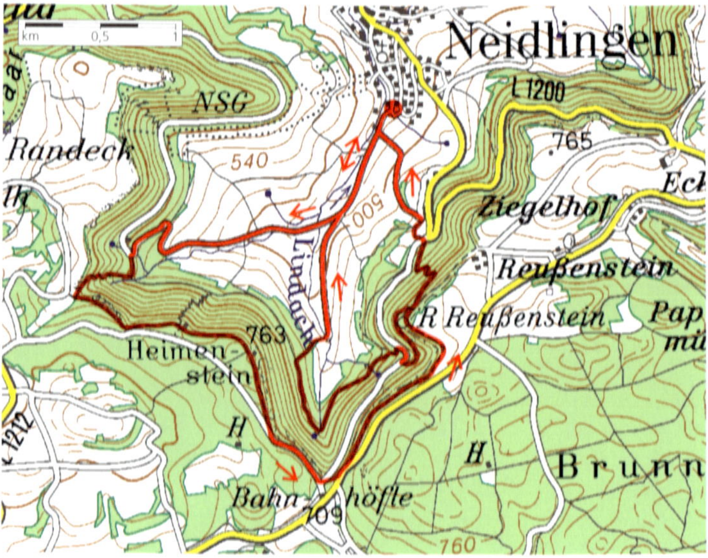

Es verging kein Tag und der Riese rief mit lauter Stimme nach Arbeitern und Handwerkern. Er wolle auch gut bezahlen, ließ er überdies wissen. Und so kamen denn auch bald viele Männer von weither herbeigeströmt, um ihm beim Bau der Burg zu helfen.

Als die Burg endlich fertig war und es ans Bezahlen ging, entdeckte der Riese, dass ganz oben am Fenster noch ein Nagel fehlte. Er ließ daraufhin die Handwerker wissen, dass er den Lohn erst ausbezahlen werde, wenn die Burg ganz fertig gebaut sei. Keiner der Männer, die ihm geholfen hatten, die Burg zu errichten, traute sich jedoch, so hoch hinaufzusteigen. Und als sich keiner fand, den Nagel einzuschlagen, versprach der Riese demjenigen einen Sack voll Gold, der es wagen würde.

Nun gab es unter den Handwerkern einen armen Schlossergesellen, der die Tochter seines Meisters liebte. Sie liebte ihn nicht weniger, aber der Vater war nicht gewillt, einen so armen Gesellen seiner Tochter als Mann zu geben. Und so dachte der Bursche, dass das Schicksal eine solche Gelegenheit sicher nicht ein zweites Mal für ihn vorsehen werde, weshalb er sich also beim Riesen meldete.

»Zwerglein, du hast Mut! Komm, ich will dir helfen«, sprach da der Riese Heim daraufhin anerkennend und nahm den Gesellen in die Hand. Der Riese hielt ihn an die Stelle, an welcher der Nagel fehlte, und der Bursche schlug ihn mit kräftigen Schlägen ein.

Tatsächlich hielt der Riese auch sein Versprechen und schenkte dem Jüngling den versprochenen Sack voller Gold. Und so geschah es, dass der Schlossergeselle bald seine Liebste zur Frau nehmen konnte.

Die **Ruine Reußenstein** mit ihrem quadratischen Bergfried aus dem 14. Jahrhundert und dem Wohnsaal, dem Palas aus dem 15. Jahrhundert, ist nur auf einem schmalen Felspfad durch zwei künstliche Felstore zugänglich. Anfangs war sie eine Stauferburg, später dann der Stammsitz der Ritter Reuß und Randeck, die um 1250 auftraten. Die Burg, um 1270 erbaut, trug bis 1340 nur den Namen »Stein«, dann wurde sie nach ihren Besitzern genannt. Diese saßen bis 1370 dort, wanderten danach ab nach Filseck bei Göppingen und starben 1603 aus. Die Burg kam zu Württemberg, 1441 an die Helfensteiner und nach deren Aussterben zusammen mit ihrer Wiesensteiger Herrschaft an Bayern. Ab 1555 verfiel die Burg.

Nach der Ruine nehmen wir den mit der blauen Gabel markierten Weg, der nach unten zieht. Nach kurzem Zickzack müssen wir uns entscheiden: Entweder wir gehen mit der Gabel nach links (»Neidlingen über Wasserfall«) oder rechts (»Neidlingen über Parkplatz«).

Wer über den *Wasserfall* geht, wandert nach ihm noch kurz weiter, immer abwärts gehend, bis nach einem scharfen Taleinschnitt, danach hält man sich rechts und verlässt bald den Wald. Im Talbo-

Blick von der Ruine Reußenstein ins Neidlinger Tal

den angekommen, wandert man durch das Lindachtal zurück nach *Neidlingen*.

Wer direkt zum Parkplatz geht, steigt bald im Zickzack steil abwärts. Am *Parkplatz* biegt man links ab und geht auf dem rechten der beiden Wege bis kurz vor die Lichtung mit den Tischen und Bänken. Gleich nach dem Wald biegen wir rechts ab und gehen auf einem Pfad hinab bis zu einem Feldweg. Ihm folgen wir nach rechts, bis wir auf einen Asphaltweg treffen. Gleich darauf biegen wir scharf links ab und wandern hinab ins Tal, wo wir rechts auf unseren *Ausgangspunkt* treffen.

- **Länge:**
  Etwa 8 ½ Kilometer.

- **Zeit:**
  Etwa 3 Stunden.

- **Höhenunterschied:**
  Etwa 400 Meter.

- **Empfohlene Karte:**
  Freizeitkarte 524 Bad Urach, Landesvermessungsamt Baden-Württemberg.

- **Einkehrmöglichkeit:**
  Neidlingen.

- **Grillmöglichkeit:**
  Bahnhöfle, bei der Ruine, Parkplatz nach der Ruine.

- **Sonstiges:**
  Man geht auf Schotter- und Asphaltwegen sowie auf Pfaden.

Bei untreuen Burgherren und geplagten Mägden

Herbrechtingen – Domäne Falkenstein – Steinerne Jungfrauen – Herbrechtingen

Bei Herbrechtingen beschreibt die Brenz eine u-förmige Schlinge. Hier finden wir nicht nur ein überaus idyllisches Flusstal, sondern auch markante Felsformationen, die von einer heideartigen Vegetation bewachsen sind. Die beeindruckendsten und bekanntesten Felsen sind die der Steinernen Jungfrauen.

- **Ausgangspunkt:**
  Herbrechtingen.

- **Wegverlauf:**

Wir parken auf dem *Parkplatz Eselsburger Tal* beim *Hallenbad*. Dann gehen wir zum *Hallenbad* und rechts an ihm vorbei. Wo der Asphaltweg oben auf der Höhe des *Buigen* nach links zieht, wandern wir auf Pfadspuren rechts an den locker stehenden Laubbäumen vorbei. Wir treffen auf einen Asphaltweg, hinter ihm nehmen wir den Weg, der etwas nach rechts versetzt zu der *Feldscheune* zieht. Wir gehen rechts an ihr vorbei zum Waldrand, hier halten wir uns links zu der schmalen Schneise, durch die auch die Stromleitungen ins Tal hinab verlaufen.

Hier nehmen wir den links abwärtsziehenden Pfad, der uns bis vor die *Brenz* bringt. Wir spazieren nach links zu der *Hütte;* hier kann man rasten, auch eine Grillstelle findet sich hier. Der markante Fels auf der linken Seite ist der *Fischerfelsen*.

Nach der Hütte biegen wir rechts ab, überqueren den Fluss und steigen links des Anwesens *Bindstein* hinauf zu einem querenden Weg. Wir halten uns rechts, dann gleich wieder links. Nun wandern wir auf dem Asphaltsträßchen auf die Höhe. Oben biegen wir gleich nach dem Wald links ab und folgen dem Wanderzeichen roter Strich bis zur Domäne *Falkenstein.*

Die Sage um Rudolf von Falkenstein

Der junge Ritter Rudolf von Falkenstein und Adelheid, die Tochter des Eselsburger Ritters, waren seit ihrer Kindheit einander versprochen. Doch als der Jüngling das heiratsfähige Alter erreicht hatte, entschied er sich für eine andere. Dies grämte Adelheid so sehr, dass sie am Tage der Hochzeit ihres Geliebten freiwillig aus dem Leben schied.

Ihr Vater war darüber außer sich vor Trauer und Zorn. Er nahm seine tote Tochter und zog mit ihr zur Falkensteiner Burg, wo die fröhliche Hochzeit gerade im Gange war. Dort angekommen, schritt er mit dem toten Mädchen im Arm durch die Reihen der Feiernden zu Rudolf: Vor ihm stehend forderte der trauernde Vater ein Gottesurteil und verlangte von Rudolf, dass er die Tote küssen sollte.

Als dieser sich anschickte, dies zu tun, spritzte plötzlich Blut aus dem Mund der Toten, so dass die Braut Rudolfs vor Schreck tot auf den Boden sank und Rudolf nichts weiter blieb, als zu fliehen. Der Ritter lebte fortan in fernen Ländern, wo er sich als Soldat verdingte.

Als er schließlich alt und grau geworden und zu schwach zum Kriegführen war, kehrte er mit seinem Knappen wieder auf die Alb zurück. Dort angekommen, suchte er am Fuße der Burg unter einem Felsen Schutz vor einem Sturm, der in dieser Nacht wütete. Doch vergebens. Als plötzlich ein Blitz durch die Lüfte zuckte, war es um Ritter und Knappe geschehen. Der Blitz hatte sie erschlagen. Die zwei Felsen aber am Fuße der Burg erinnern noch heute an die beiden.

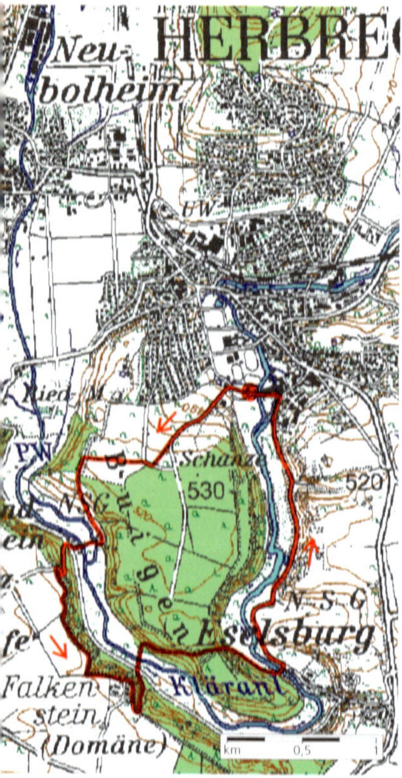

Hier machen wir zuerst einen Abstecher zum *Aussichtsfelsen,* der uns einen prächtigen Blick hinab ins Brenztal bietet. Anschließend folgen wir dem Wanderzeichen noch kurz, dann werden wir links hinab in den Wald verwiesen, nun mit dem Wanderzeichen rote Gabel.

Der Sage nach sind die »Steinernen Jungfrauen« im Eselsburger Tal (die Felsen in der Bildmitte) zwei verzauberte Dienstmägde.

Wir kommen hinab ins *Brenztal,* wo wir direkt unterhalb des Aussichtsfelsens nach rechts abbiegen und den Fluss überqueren. Auf der anderen Seite steigen wir steil an in Richtung »Buigenhütte«.

Am Steilabfall auf der anderen Seite biegen wir nach rechts ab, kurz darauf wandern wir an einem *keltischen Ringwall* vorbei. Danach zweigt unser Wanderweg links ab und bringt uns hinab zur *Brenz,* die wir bei der *Kläranlage* überqueren. Nun halten wir uns links und wandern zurück zum *Ausgangspunkt*. Unterwegs kommen wir an der Felsformation *Steinerne Jungfrauen* vorbei, am Ortsrand von *Herbrechtingen* dann am *Heimatmuseum*.

Die Steinernen Jungfrauen

Auf der alten Eselsburg lebten einmal zwei Mägde, die jeden Tag einen großen Kübel voll Wasser aus der Brenz holen und den steilen Berg zur Burg hinauftragen mussten. Sie jammerten arg ob ihrer schweren Last, die sie auf ihrem beschwerlichen Weg immer wieder ab-

Das Heimatmuseum am Ortsrand von Herbrechtingen

setzen mussten. Eines Tages sagte die eine Magd: »Ich möchte lieber zu Stein werden, als weiter jeden Tag die schwere Last zu tragen.« In diesem Augenblick versanken beide im Untergrund, und an der Stelle, an der die Worte gesprochen waren, wuchsen später zwei spitze Felsen aus dem Boden.

- **Länge:**
  Etwa 6 ½ Kilometer.
- **Zeit:**
  Etwa 2 ½ Stunden.
- **Höhenunterschied:**
  Etwa 210 Meter.
- **Empfohlene Karte:**
  Freizeitkarte 522 Aalen, Landesvermessungsamt Baden-Württemberg.
- **Einkehrmöglichkeit:**
  Herbrechtingen.
- **Sonstiges:**
  Die Tour verläuft auf Pfaden und Forst- und Feldwegen.

Friedrich Barbarossa und die weiße Frau

Wäscherschloss – Maitis – Wäschenbeuren – Wäscherschloss

Das kleine Wäscherschlösschen bei Wäschenbeuren ist mit seinem Museum ein Kleinod, das einen Besuch lohnt. Vorher oder anschließend unternehmen wir eine Rundtour durch die lebhaft bewegte Landschaft der Ostalb, auf der wir immer wieder einen prächtigen Blick über Wälder, Wiesen und Felder haben.

- **Ausgangspunkt:**

Wäscherschloss bei Wäschenbeuren.

- **Wegverlauf:**

Am Parkplatz vom *Wäscherschloss* geht der mit dem roten Strich markierte Wanderweg ab. Ihm folgen wir in Richtung »Maitis« in den Wald. Es geht auf einem Pfad steil bergab, wir überqueren einen Forstweg, später das Sträßchen. Danach kommen wir zu einem *Bach*. Nach ihm steigt es wieder an, und wir gehen nach dem Wald durch die Wiesen nach *Maitis*. Wir wandern geradeaus in den Ort hinein zur *Kirche*. Hier fol-

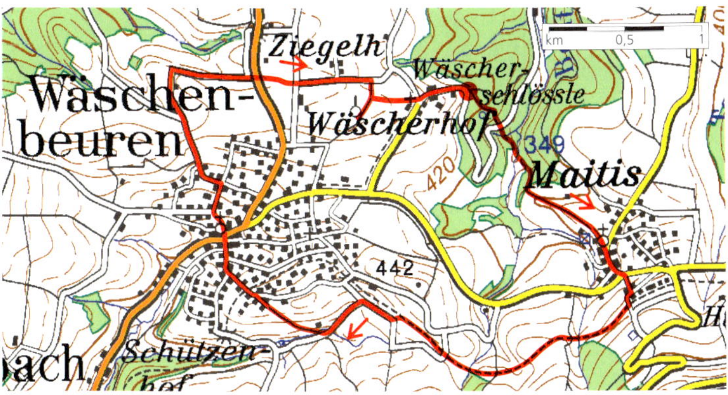

Das Wäscherschlössle geht auf die Staufer zurück.

gen wir der Durchgangsstraße geradeaus weiter. Wo die Straße nach »Wäschenbeuren« nach rechts abzweigt, steigen wir auf dem Fußgängerweg (Staufer-Weg) geradeaus hinauf. Am nächsten Querweg halten wir uns rechts, nach *Haus Nr. 20* ebenfalls.

Nun wandern wir auf dem Rad- und Wanderweg und mit prächtiger Sicht bis an den Ortsrand von *Wäschenbeuren*. Vorher noch zweigen wir jedoch auf den links parallel verlaufenden Weg ab. Vor den Häusern biegen wir mit dem Radwegschild *Hohenstaufen* links ab und gehen links des Sportplatzes bis zu einem Querweg.

Wir biegen nach rechts zu der *Scheune* ab und wandern nun auf dem mit dem blauen Strich markierten Wanderweg hinein nach *Wäschenbeuren*. Es geht erst in der Mühlgasse bergab, dann in der Oberdorfstraße auf die *Kirche* zu.

Wir gehen an ihr rechts vorbei bis vor die *Stauferschule*, an der wir mit dem Wanderzeichen rotes Kreuz rechts vorbeiwandern. Kurz danach sehen wir rechts schöne

Kreuzwegstationen und an der Straße eine *Lourdesgrotte*. An ihr biegen wir links in die Bergstraße ein. Sie bringt uns aus dem Ort. Nach etwas bergauf wird es flacher, hier ignorieren wir, dass der Rotkreuz-Weg links abknickt, wir wandern geradeaus weiter. Unser Weg knickt zweimal nach rechts ab und bringt uns zur Bundesstraße (Vorsicht beim Überqueren!).

Auf ihrer anderen Seite spazieren wir geradeaus weiter. Nach dem links liegenden *Hof* und dem rechts stehenden *Feldkreuz* kommen wir zu einer mächtigen Eiche. Hier halten wir uns rechts, kurz danach links nach *Wäscherhof*. Wer will, kann aber am Linksknick noch kurz geradeaus weitergehen zum *Wasserturm*. Hinter ihm liegt ein Hügel, der *Burren,* einer Sage nach der erste Burgplatz der Staufer. Danach drehen wir um und spazieren zum *Wäscherhof* und dort auf bekanntem Weg zum Ausgangspunkt am *Wäscherschloss*.

Die weiße Frau vom Wäscherschlössle

Es soll am letzten Tag des Jahres 1408 gewesen sein, als der Burgherr von Büren nach Sonnenuntergang von der Jagd heimkam. Da fand er in seinem Schlafzimmer eine weiß gekleidete Frau vor, die die Kissen schüttelte und kurz darauf verschwand. Der Ritter erzählte beim Abendessen von seinem Erlebnis, worauf man sich am Tisch einig war, dass dies ein schlechtes Vorzeichen sei. So riet man ihm, zunächst in einem anderen Gemach zu schlafen. Am übernächsten Tag aber löste sich ein Stein aus der Decke seines Zimmers und schlug den Ritter tot.

Das **Wäscherschloss** wurde um 1200 aus Buckelquadern in der Art eines kleinen Kastells erbaut, mit einem trapezförmigen Innenhof. Es gehörte ab 1338 den Herren von Rechberg; 1377 im Städtekrieg wurde es von Graf Eberhard dem Greiner in Brand gesetzt. Bei Baumaßnahmen im 15. Jahrhundert erhielt der Palas sein spätgotisches Fachwerkgeschoss.

Einer Sage nach soll der Name Wäscherschloss entstanden sein,

Kaiser Friedrich I., genannt Barbarossa, dargestellt auf einer Miniatur aus einer Handschrift der Vatikanischen Bibliothek, um 1188

Manches schöne Fachwerkhaus findet sich in Wäschenbeuren.

weil Kaiser Friedrich Barbarossa eine Wäscherin aus der Gegend geliebt und ihr eine Burg geschenkt hat. Vermutlich kommt der Name aber von Konrad, dem Wascher, der zur Burgmannschaft auf dem Hohenstaufen gehörte und 1271 urkundlich erwähnt wurde.

- **Länge:**
  Etwa 8 Kilometer.

- **Zeit:**
  Etwa 2 ½ Stunden.

- **Höhenunterschied:**
  Etwa 200 Meter.

- **Empfohlene Karte:**
  Freizeitkarte 521 Göppingen, Landesvermessungsamt Baden-Württemberg.

- **Einkehrmöglichkeit:**
  Wäschenbeuren, Wäscherhof.

- **Sonstiges:**
  Die Tour verläuft auf Pfaden, später auf festen Wegen.

Irrlichter am Wegrand

Hohenstaufen (Ort) – Spielburg – Ruine Hohenstaufen – Hohenstaufen (Ort)

Diese Wanderung ist recht kurz, gerade richtig für einen Ausflug, bei dem es viel zu besichtigen gibt. Wir kommen zuerst zur Spielburg, keine Burg, sondern eine unter Naturschutz stehende Felsformation. Danach steigen wir hinauf zur Ruine Hohenstaufen, von der allerdings nicht mehr allzu viel übrig ist. Anschließend können wir uns im Ort Hohenstaufen die Barbarossakirche und die Stauferausstellung ansehen.

- **Ausgangspunkt:**
  Göppingen-Hohenstaufen.

- **Wegverlauf:**
  Wo im *Ort Hohenstaufen* die Kaiserbergsteige zur Barbarossakirche und zum Hohenstaufen abgeht, fahren wir mit dem Auto die Ailstraße hinab. Nachdem es wieder flach geworden ist, halten wir uns an der Verzweigung rechts in den Spielburgweg. Wir kommen zu einem *Parkplatz* kurz vor dem Fahrverbotsschild, ab hier wandern wir geradeaus hinaus in die Wiesen. Rechts oben sehen wir schon die Felsen der *Spielburg*.

Die tanzenden Lichter

Zu den Felsen der Spielburg kamen früher in der Adventszeit vom Hohenstaufen, vom Hohenrechberg und von Staufeneck kleine Lichter herüber und tanzten und spielten. Es waren freundlich gesinnte Geister, die niemand etwas zu Leide taten. Eines der Lichter war größer und heller als die anderen. Und man sagte, dies sei der Geist von Kaiser Barbarossa, der die Stammburg seiner Vorfahren suchte. Nachdem der Tanzplatz der Geister aber zu einem Steinbruch wurde, hat man die Lichter nie mehr gesehen.

~

Die **Felsformation Spielburg** entstand vor rund zwei Millionen Jahren, als das Bergmassiv der

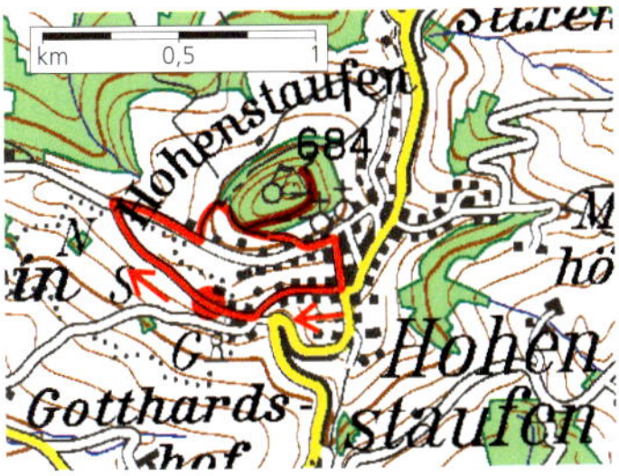

Die älteste Abbildung der Burg Hohenstaufen aus dem Jahre 1470. Fresko aus der Oberhofenkirche in Göppingen

Schwäbischen Alb noch bis hierher reichte. Damals stürzte eine Weißjura-Scholle auf die Stufe aus Braunem Jura hinab. Man sieht eine Heidelandschaft mit Halbtrockenrasen und Wacholder und mächtige Felsstotzen aus ungeschichtetem Massenkalk, ein Gestein, das hier am Hohenstaufen sonst nicht zu finden ist.

Wir können entweder auf einem der Pfade hinauf zu dem *Felsen* mit dem Gipfelkreuz gehen oder wir spazieren noch etwas geradeaus weiter, bis wir auf einen Weg treffen. Auf ihm gehen wir nach rechts auf den Berg Hohenstaufen zu, wobei wir natürlich nach rechts zur *Spielburg* abzweigen und dort die Aussicht genießen oder eine Pause einlegen.

Dann gehen wir weiter auf den Berg zu. Nach einer links stehenden Hütte mit einem Antennenmast zweigen wir links auf den Weg ab, der uns über die Wiese hoch zum Waldrand bringt. Im Wald biegen wir rechts, dann gleich wieder links ab. Nun steigt es immer an, bis wir schließlich auf dem Gipfel des *Hohenstaufens* stehen.

Der **Hohenstaufen** ist ein Zeugenberg, der beim Zurückweichen des Albrands stehen blieb. Die gleichnamige Burg wurde um 1070 vom ersten Stauferherzog Friedrich von Schwaben erbaut. Er war der Großvater von Kaiser Friedrich I. Barbarossa, der sich 1181 hier aufhielt. 1208 stirbt Irene, Witwe des Königs Philipp von Schwaben, hier. 1288 besucht König Rudolph von Habsburg als neuer Besitzer die in Reichsbesitz übergegangene Burg. Nach dem Ende der Stauferzeit fällt die Burg als Pfand des Reiches an Württemberg. Um 1555 wurden die Reste der ausgebrannten Burg abgetragen und zum Bau des Göppinger Schlosses verwendet. Und 1736 wurde der Gipfel des Berges für einen geplanten, dann aber doch nicht ausgeführten Festungsbau eingeebnet.

Nach einer Besichtigung wandern wir auf dem Weg, auf dem wir

Von der einstigen Burganlage auf dem Hohenstaufen sind nur noch ein paar Mauerreste erhalten geblieben.

gekommen sind, wieder etwas zurück, bis links der mit dem roten Strich markierte Weg hinab ins Dorf abzweigt. Er bringt uns erst zur *Barbarossakirche,* in die wir einen Blick werfen sollten.

Die **Barbarossakirche** hat ihre Ursprünge in der Romanik. Im Innern der Kirche sind Fresken zu sehen, so beispielsweise das einer Rosenkranzmadonna (um 1500) und eine Maria mit Kind. 1859 wurden an

Für Kinder ist die sogenannte Spielburg tatsächlich ein Paradies.

den Giebeln die Wappen der staufischen Herrschaftsgebiete und der sieben Kurfürsten angebracht. Am Trauf des Langhauses sieht man einen Fries mit den Wappen der staufischen Ministerialengeschlechter.

Dann gehen wir die Kaiserbergstraße hinab. Unterwegs können wir noch die Stauferausstellung aufsuchen. Bevor die Kaiserbergsteige in die Durchgangsstraße einmündet, biegen wir nach rechts in die Ailstraße ab und spazieren zurück zum *Ausgangspunkt*.

- **Länge:**
  Etwa 3 Kilometer.

- **Zeit:**
  Etwa 1 Stunde.

- **Höhenunterschied:**
  Etwa 180 Meter.

- **Empfohlene Karte:**
  Freizeitkarte 521 Göppingen, Landesvermessungsamt Baden-Württemberg.

- **Einkehrmöglichkeit:**
  Ruine und Ort Hohenstaufen.

- **Sonstiges:**
  Die Tour verläuft auf Pfaden und Forstwegen.

Zum Wilden Heer auf das Kalte Feld

Nenningen – Franz-Keller-Haus – Reiterleskapelle – Nenningen

Diese Wanderung bringt uns durch schöne Naturschutzgebiete auf das Kalte Feld, wo das Franz-Keller-Haus des Schwäbischen Albvereins steht. Dann geht es hinab zur sagenumwobenen Reiterleskapelle, anschließend durch das Christental, das seinen Namen ebenfalls einer Sage zu verdanken hat.

- **Ausgangspunkt:**
  Lauterstein-Nenningen.

- **Wegverlauf:**
  Wir fahren hinter der *Kirche* durch das *Christental* bis zu einem Parkplatz vor dem Fahrverbotsschild. Dann folgen wir noch kurz dem ansteigenden Sträßchen, biegen aber gleich darauf mit dem Schild *Kuhbergstaigle Rundwanderweg* auf einen Asphaltweg rechts ab.

Die Reiterleskapelle ist zu jeder Jahreszeit ein beliebtes Ziel für Wanderer.

Wir gehen nun bergauf, etwas später nehmen wir den ersten rechts abknickenden Abzweig. Jetzt wandern wir relativ eben am Hang entlang bis zu den ersten *Häusern* von Nenningen. Wo es nicht mehr weitergeht, biegen wir links ab. Am Waldrand sehen wir einen Bildstock, danach beginnt das *Naturschutzgebiet*. Der Weg ist nach einiger Zeit mit dem blauen Balken bezeichnet, der uns bis zum Franz-Keller-Haus begleiten wird.

Wir folgen immer dem ansteigenden Weg. Nach einiger Zeit kommen wir vor eine Freifläche mit Feldern und Wiesen. Noch davor gehen wir aber links des Gehölzrandes auf dem Naturweg weiter. Bald darauf steigt es an, dann treffen wir auf einen breiten Schotterweg, dem wir kurz folgen, gleich danach müssen wir aber links abzweigen. Der blaue Balken bringt uns über die Hochfläche des Kalten Feldes zum *Franz-Keller-Haus*.

Dort biegen wir links ab in Richtung »Reiterleskapelle«, nun mit dem roten Kreuz. Wir wandern durch den Wald bis zum Steilabfall, wo wir einen Aussichtspunkt finden. Hier geht es rechts steil hinab zur *Reiterleskapelle.*

Die Sage von der Reiterleskapelle

Im Winzinger Schloss wohnte einst der Baron Hauptmann von Roth, der sein Lebtag nicht nur ein recht verschwenderisches Dasein führte, sondern auch als roh und grausam galt. Um seine horrenden Ausgaben zu finanzieren, lieh er sich vom reichen Bauer Reuterle, der auf dem nahen Tannerhof lebte, ein ums andere Mal stattliche Summen Geldes. So kam es, dass Reuterle, als der Baron eines Tages unversehens starb, kaum war die Beerdigung beendet, die Erben aufsuchte. Im Schloss aber verhandelte man um die Schulden bis in den späten Abend, so dass es schon dunkel war, als sich der Bauer schließlich auf den Heimweg machte.

Er war noch nicht weit gekommen, da vernahm er plötzlich durch die Nacht ein tosendes Hufeschlagen, und schon sah er das Wilde Heer an sich vorbeibrausen, an seiner Spitze Junker Roth auf einem kopflosen Gaul, begleitet von kopflosen Hunden. Reuterle erschrak ob dieses Anblicks bis ins Mark und entschloss sich, den Baron vorsichtshalber zu grüßen. Der Geist aber rief: »Wenn ich dich nicht so gut kennen würde, würde ich dich in tausend Fetzen reißen.« Da wurde der Bauer Reuterle vor Schreck ohnmächtig und erwachte erst wieder, als die ersten Sonnenstrahlen den Morgen ankündigten. Und als er da sah, dass er unversehrt war, gelobte er, für den Verstorbenen eine Kapelle zu bauen, die man bald die Reiterleskapelle nannte. Ihre Wetterfahne aber zeigt bis zum heutigen Tage den Holzbrockeler, den Geist des verstorbenen Barons.

Das Franz-Keller-Haus auf dem Kalten Feld gehört dem Schwäbischen Albverein.

Von der Reiterleskapelle geht es nun links durch das *Christental* zurück zum Ausgangspunkt.

Wie das Christental zu seinem Namen kam

In dunkler Vorzeit herrschte ein mächtiger Heidenkönig auf der Burg Teck. Er verfolgte in seinem Reich alle mit großer Grausamkeit, die sich vom heidnischen Glauben ab- und dem Christentum zuwandten. Da zog eines Tages der christliche Herzog Rumelius von Schwaben gegen diesen König und besiegte ihn schließlich im Christental, wo rund 13 000 Heiden den Tod gefunden haben.

- **Länge:**
  Etwa 7 Kilometer.

- **Zeit:**
  Etwa 2 Stunden.

- **Höhenunterschied:**
  Etwa 320 Meter.

- **Empfohlene Karte:**
  Freizeitkarte 521 Göppingen, Landesvermessungsamt Baden-Württemberg.

- **Einkehrmöglichkeit:**
  Franz-Keller-Haus.

- **Grillmöglichkeit:**
  Franz-Keller-Haus.

- **Sonstiges:**
  Wir wandern auf festen Wegen und Pfaden.

Pfiffige Wegbegleiter von Dieter Buck

In Ihrer Buchhandlung

Mit interessanten Rad- und Wandertouren, detailgenauen Karten und vielen Farbfotos

Sagenziele im Ländle
ISBN 978-3-87407-792-7

Quellenziele im Ländle
ISBN 978-3-87407-776-7

Burgenziele im Ländle
ISBN 978-3-87407-732-3

Malerische Städteziele im Ländle
ISBN 978-3-87407-705-7

Aussichtsziele im Ländle
ISBN 978-3-87407-626-5

Wasserziele im Ländle
ISBN 978-3-87407-579-4

Wandern in der Region Stuttgart
ISBN 978-3-87407-734-7

Wanderziel Östliche Alb
ISBN 978-3-87407-697-5

Wanderziel Westliche Alb
ISBN 978-3-87407-696-8

Stuttgarter Wanderbuch
ISBN 978-3-87407-647-0

Spazier-Ziele in der Region Stuttgart
ISBN 978-3-87407-758-3

Spazier-Ziele auf der östlichen Alb
ISBN 978-3-87407-688-3

Spazier-Ziele auf der westlichen Alb
ISBN 978-3-87407-687-6

Ausflugsziel Mittlerer Schwarzwald
ISBN 978-3-87407-775-0

Ausflugsziel Nordschwarzwald
ISBN 978-3-87407-774-3

Ausflugsziel Unterland
ISBN 978-3-87407-735-4

Ausflugsziel Hohenlohe
ISBN 978-3-87407-699-9

Ausflugsziel Gäu
ISBN 978-3-87407-698-2

Ausflugsziel Schwäbisch-Fränkischer Wald
ISBN 978-3-87407-648-7

Ausflugsziel Stromberg-Heuchelberg
ISBN 978-3-87407-547-3

Ausflugsziel Remstal
ISBN 978-3-87407-512-1

Ausflugsziel Schönbuch
ISBN 978-3-87407-375-2

Zusammen mit Harald Schukraft:

Stuttgarter Grenz-Wanderungen
ISBN 978-3-87407-551-0

Jeweils 160–168 Seiten, mit rund 100 Abbildungen

Silberburg-Verlag

www.silberburg.de